Hein Blomberg

Opwussen in't Stinkviddel

Verlag Michael Jung
Kiel

Das Titelfoto zeigt das Eckhaus in der Christian-Kruse-Str. 22 in Kiel mit der Ladenwohnung der Familie Blomberg. In der Ladentür stehen Mutter Blomberg mit der jüngsten Tochter auf dem Arm, daneben die Zwillinge Herbert und Hein.

Umschlagentwurf: Helmut H. Hadler

3. Auflage 1984

Gesamtherstellung:
Breklumer Druckerei Manfred Siegel
ISBN 3-923525-03-6

Vorwort

Hein Blomberg hat mit dem Alter seine Begabung als Erzähler entdeckt und stellt sich hier erstmals mit einer Sammlung von Geschichten aus dem Arbeitermilieu vor. Er erzählt sie im typischen Kieler Platt, einer eigentümlichen Mischung aus Platt- und Hochdeutsch, wie sie auch heute noch auf vielen Arbeitsstellen zu hören ist.
Blombergs Geschichten gehen bis in eine Zeit zurück, als Kiel gerade seinen mittelstädtischen Charakter abgelegt hatte und eine lebendige Provinzialhauptstadt geworden war. Den äußeren Glanz des Stadtbildes bestimmte damals die Kaiserliche Marine. Hinter dieser Fassade spielte sich das Leben der vieltausendköpfigen Arbeiterschaft in den Werft- , Industrie- und Handwerksbetrieben Kiels wenig glanzvoll ab. Arbeiter wohnten meistens in engen Mietskasernen, mußten sich häufig um ihre Arbeitsplätze sorgen und waren in ihren Möglichkeiten, sich politisch zu betätigen, nachhaltig behindert. Eine grundlegende Änderung versprach erst der Neubeginn nach 1918.
Hein Blomberg hat ein feines Gespür für diese Zeit. Er schreibt eine einfache Sprache, setzt sich über Rechtschreib- und Grammatikformen hinweg. Als Arbeiter, der er zeitlebens geblieben ist, erhebt er keinen literarischen Anspruch. Ungekünstelt und selbstbewußt schildert er sich und seine Umwelt mit den vielen großen und kleinen Sorgen und den wenigen kleinen Freuden des Alltags.
Ich freue mich, daß mein Freund Hein Blomberg als Autor und Interpret dieser und weiterer Geschichten für sich eine sinnvolle und befriedigende Beschäftigung nach seinem Berufsleben gefunden hat.
Seine Leser erwartet ein kurzweiliges Buch zum Schmunzeln und Nachdenken.

Karl Heinz Luckhardt
Oberbürgermeister der Landeshauptstadt Kiel

BROOTKARTÜFFELN

Unmittelbor vör de Christian Kruse Stroot, wo wi wohnten, wär de Müllverbrennung un Fäkalienopbereitung. Dor käm ook de Goldemmers von ganz Kiel hin.
An de Dog, wo de Schiet verbrannt wür, hebb dree groote Schossteen den mistigen Qualm rutpust un bi Westenwind över uns Viddel dreeben. Bi diesige Luft wär dat besonders stinkig, denn dor schlög de Mief dol un wi müssen Fenster un Dörn dicht moken. Deshalb heet dat in Kiel nur „Stinkviddel".
Nu ward mancher froogen, warum de Lüd dor denn nich wegtrocken sünd? Dorto kann ick nur seggen: „Warum sind de Lüd in Westfohln ni ut ehr Bergmannssiedlung trocken? Ja, weil se den Pütt direkt vör ehre Husdör harn."
So is dat ook mit de Lüd ut'n Stinkviddel weesen. Ehr Pütt wär dor, wo de Goldemmers leer mokt würn. Veele Arbeiter un Schietkutscher wohnten im Stinkviddel un harn dor ook ehre Arbeitsstell. Un da mien Vadder ook een vun disse Kutscher wär, bün ick dor mit mien Geschwister opwussen, söben Kinner wärn wi tohoop.
De Miete leeg bi 25,- RM, ober de Verdeenst vun een Schietkutscher wär ook ni över 100,- RM im Monat. Mien Modder har noch 'ne Waschstell un hett ab un to noch Arbeiterhemden neiht un so sind wi denn langskom.
So kunn wi dormols ook bloots een Stuv inheizen. Köhln intologern geef dat bi uns ni. Soveel Geld harn wi op'n mol ni op'n Hupen. De lütt iserne Oben freet uns bald de Hoor vun Kopp. Jeden Dag müssen wi Jungs no Köhln Oldenburg in de Howaldstroot un een Emmer Brikett holn. In de Kök har mien Modder ook noch de lütte Hex in de Gang tum Koken.
Dor käm all dat Holt mit rin, wat wi Görn so am Dag ranschleppten. Oft heff wi ook noch Köhln sammelt. De

Westbahnhoff läg an de Krausstroot. Wi Jungs passten op, wenn de Peer mit den vulln Wogen dörch de Howaldstroot föhrten. De Wogen rummelten bös öber dat Koppsteenploster un manchmol käm fix wat dol. Wenn dat ni so recht rutschen wull un de Kutscher 'ne ganze Tied grodut keeken har, hebb wi mit'n lang Knüppel noholpen.
Achtern Grasweeg wär de groote Schietbarg, wo de Schlacke von de Müllverbrennung hinkäm. De Barg seh ut as sonne Krooterlandschaft. Överall wärn groote Kuhln, wo eener vom Stinkviddel mit son grooten Kratzer binseet un no Schlackeköhln söch hett. So hebb de Lüd sick dormols öbern Barg holn.
An de een Siet von den Schlackebarg har de Stadt för ehre Arbeiter een lütt Stück Land von den planeerten Schietbarg tum Kartüffelplanten free geben. Mien Öllern harn ook 'ne lütt Eck affkreegen.
Im Harfst harn wi Kinner uns immer sülben een poor Kartüffeln rutholt. Dormit dat ni opfeel, hebb wi ober ut jede Reeh bloots een poor nohm. Nomeddags, wenn de Arbeiter Fierobend harn, hebb wi se denn an den Rand von den Schlackebarg, wo de Asch noch hitt wär, rinpackt un denn, wenn se goor wärn, de schwatte Krust affpult wi son Ei un uns se denn to Boss haut.
Dormit Modder to Hus nisch markte, hebb wi uns gegensietig ankeeken, um ni mit 'ne schwatte Schnut no Hus to kom. Wenn de Stulln an disse Dogs denn ni mehr so rutschen wulln, wär Modder de Meenung, wi wärn all wedder in de Mehlbeern weesen, de wild överall wussen. De Mehlbeern hebb wi ober bloots plöckt, wenn wi nisch anners mehr harn, denn Geschmack harn se ni veel. Vun de Mehlbeern kunn man nachts ook ni dreum.
Aber an de Dag, wo wi den Buck vull Kartüffeln harn un de Sandmann mit uns affbrummt is, dor wärn wi im Dröm wedder bi uns Brootkartüffeln op'n Schietbarg.

DE PUTZBÜTEL

Oh, wat hett de Technik doch all ut uns mokt!
Ick stünn vör een poor Dog mol wedder an de Eck von de Massmann-un Gutenbargstroot an de Ampel un har „rot". Miene Gedanken güngen op eenmol sößtig Johr torüch, as ick hier miene Kinnertied in mien schönes Stinkviddel verleeft hebb.
An de Eck, wo ick jetzt stünn, wär een lütten Fohrradverleihloden un schreeg gegenöber op'n Hoff wär Pollzin, de Plünnkerl, för den wi immer mit 'ne Sichel een lütten Sack voll Gras am Grasweg affhaut hebb. Een Groschen bekäm wi meistens dorför, ober dat güng ja ook no Gewicht. He bekäm von uns in den Sack immer noch 'ne kleene Zugabe, denn wi hebb, so lang he dat ni spitz bekäm, noch een Steen mit Gras ümwickelt in de Mitt mit rinpackt.
Vör den Fohrradloden hebb wi seeten un tokeeken, wenn wedder eener mit Plattfoot anschoben keem un de Fohrradkerl een von de veel'n Arbeitsloosen, de dor buten schon luhrten, rin reep. He hett immer mol wedder een anner'n nohm, dormit jeder sick mol wat to schmöken keupen kunn.
Ick stoh immer noch hier un de Ampel is schon wedder een poor Mol op „grön" sprung'n, ober ick heff keene Lust mehr, röber to gohn, denn miene Gedanken goht jetzt mit mi to Foot lang de Howaldstroot. Ut de Loden hebb se jo nun all Wohnungen mokt. Wenn man dor genauer hinkiekt, kann man an de Risse im Putz ober noch sehn, dat dor mol eene Lodendör bin wär.
Nun denk ick op eenmol an den Schooster, de dor binn seeten hett. Op den lütten Disch har he twischen all den Pechdroht un de Schooh siene lütte Petroleumfunsel stohn. Von de Deek dol har he eene Glaskugel mit Wooter bin, de an son Band vör de Lamp bummeln de. Dat Licht schiente

dörch düsse Schoosterkugel genau op siene Knee, wo he den Liesten mit den Schooh op har. So seet he op sien Dreebeen, de Nickelbrill op de Nees, de utseh as een lütt Fohrrad un wär am Hämmern.
Mien Vadder hett uns Steebel jo noch immer sülben besohlt, ober manchmol wärn se so wiet dol, dat he dor nisch mehr an fast kriegen kunn. Denn schickte he uns mit de Gurken no de Howaldstroot. De Schooster wuß ober schon Bescheed, wenn he uns in sien Loden rinkom seh. He keek sick de Schooh an un fröög uns denn, wat he dor nun mit moken sull. „Jo", seggen wi, „Vadder hett bloots to uns segg, ob Se dor ni mol een Nogel rinhaun kunn." — „Dat kann ick wohl, ober frog Dien Vadder man mol, wat de Nogel dor denn bin sall?" He hett de Schooh ober doch dorbeholn, denn he wuß jo, dat wi keen Geld för nüe Schooh harn.
Dree Hüser neben den Schooster har Schlachter Hutloff sien Loden. Wi hebb dor immer von buten unsre Näsen an de Schieben drückt un wenn he denn rutkeem un uns fröög, wat wi wullten, frögten wi em, ob he ni bald wedder Suurfleesch in Gelee moken de. De Schlachter wuß ober, dat wi uns dat gornich leisten kunn un geev uns jeder een lütt Enn Wuss, de wi mit Huut un Hoor opfreeten hebb, denn dormols kunn man jo noch de Pelle miteeten.
De Putzbütel har boben Ecke Schweffel- un Klotzstroot sien Loden. Mien Vadder hett uns Lütten noch immer sülben de Hoor schneeden. Glatzeschnieden wär keen Kunst, segg he. As wi ober grötter wärn, wulln wi ook so as mien grooten Brooder tum Frisör, denn wi markten doch, dat mien Vadder dat Hoorschnieden ni lehrt har, denn boben bi den Wirbel hett he sick immer fastföhrt un wär am Rieten un wi am Brülln. Wi meenten, he har im Halfdüstern statts de Hoormaschin de Kniptang to faten kreegen.
Mien Modder har ober Mitleed mit uns un segg, wi sulln

ook mol no den Putzbütel in de Howaldstroot gohn, ober aff un to sull Vadder uns doch wedder de Hoor schnieden, dormit he dat ni ganz verlehrt. Wi wärn jo so begeistert, as wi bi den Putzbütel op den hohn Stohl seeten. Dat Hoorschnieden kannten wi jo schon, ober as he uns mit son Gummiball bespritzen de un Pomod in den lütten Scheitel schmeerte, dor hebb wi schnuppert, denn so hett dat to Hus bi uns noch ni rooken.
Oha, — nun mut ick mi ober wedder op hüt besinn un sehn, wenn de Ampel wedder op „grön" springt, dat ick noch röberkom, denn um Klock twölf giff dat to Hus Meddag un miene Froo teuft.

RADIO

Riek sind de Lüd ut'n Arbeiterviddel ni wess un mien Modder müss ganz schön reeken, um lang to kom.
Wi sind as Kinner aber trotzdem tofreeden wess. Uns Öllernhus wär in Ordnung.
Taschengeld kreegen wi dormols noch ni. Wenn wi mol bi Jörgensen in de Christian Krusestroot för een ut'n Hus schnell wat inholn sulln, kreegen wi ab un to mol twee Penn. Denn hebb wi glieks bi Mohr in de Klotzstroot 'ne Hand vull Salmi holt. De hebb wi uns as Stern boben op de Hand kleeft un dor so lang an leckt, bit de ganze Handrüch schwatt wär. För een Penn kreegen wi 'ne flache Tüt Bruspulver. De hebb wi in een groote Buddel mit Wooter

schütt. Dat is ober keen Brus wurn, wär wohl doch to veel Wooter bin, denn dat schmeckte as Modder ehr Abwaschwooter, wenn wi Fleederbeernsupp hart harn.
Mien grooten Brooder, de bi Trowe in de Polsterlehr wär, wull immer son fein Pinkel sien. Wi Lütten harn mol sehn, dat he sick morgens de Teen putzen de. Op den Schapp leeg sien Putztüch. Wi sind dor roppkropen un hebb de Tuv dor rünnerholt un se ünnersöcht un hebb rutkreegen, dat se no Pfefferminz schmecken de.
Mien Modder kreeg uns dorbi tofot, as wi im Bett leegen un de ganze Schnut vull Schum harn. De Tuv hebb wi ober ni wedder anfot, denn wi harrn den ganzen annern Dag noch Bukweh.
Mien Vadder seet de Tied veel in de Schloopstuv un hett bastelt. He segg to uns, he söch Musik. Wenn he welche funn har, sulln wi rinkom un hörn. He har een komisches Gestell op'n Disch, dor wär in de Mitt wat inspannt.
He har twischen son Hupen Droht een Stück Kristallkoks fast mokt un op de anner Siet immer mit een Spirolfedder dor an rümtippt.
Dat wär een Detektor, segg he. Dorbi har he een poor Hörer op'n Kopp. Vadder kreek ut dat Stück Koks worhaftig Musik rut. Wi müssen eenzeln op Strumpsoken rinkom, dormit de Footböden ni wackeln de, sonst sprüng de Fedder wedder von den Koks aff un he müss noch mol von vörn anfang'n. Denn heel he uns den Hörer an't Ohr un wi hörten ganz lies richtige Musik. Dat wär all een Gekreische, ober wi wärn schon froh, dat dor öberhaupt Musik twischen wär.
As mien Öllern ni to Hus wärn, hebb wi Kinner versöcht, een Lutspreeker dorut to moken. Wi hebb eenfach de Hörmuscheln von den Bögel affnohm un hebb se in een Semmeltüt packt un denn hebb wi mit alle Mann uns Köpp öber de Semmeltüt holn un hebb schreen:

„Jo, — — een Lutspreeker, nun hebb wi een."
Wi harn den Lutspreeker ober ni lang, denn mien Vadder meente, de Lutspreeker wär ganz good, ober immer de leere Semmeltüt op'n Disch, dor kriggst jo Hunger bi.
So is dat denn nun kom, dat wi schon as lütte Kinner, ganz fröh „radioaktiv" wurn sind.

PETROLEUMLAMP

Fröher hebb wi noch keen elektrisch Licht hart. In de Stuv harn wi de Petroleumlamp op'n Disch stohn.
Ober anmokt wür se erst, wenn dat richtig düster wär. Vadder hett denn, so lang as dat noch güng, mit'n Rüch am Fenster seeten. De Gardien har he optrocken un denn har he de Zeitung vör de Näs, de dormols erst am Nomeddag käm. Wenn Vadder op de Zeitung töfte, sind wi de Zeitungsfru schon bit no de Klotzstroot entgegenloopen un hebb Vadder de Zeitung bröch. Wi hebb ook glieks för dat ganze Hus de Zeitung mitbröch, denn wi wussen, dat se dor all op töften un een oder twee Appels fölln dor för uns immer aff.
Wenn de Lamp brannte, seet Modder denn ook glieks mit ehrn grooten Korf an den Disch, wo all de twei'n Strümp bin leegen un wär am Stoppen. Ober richtig Ruh kreeg se dor ook ni bi, denn wenn wedder eener von uns Lütten de Kellertrepp hoch käm, har he meistens sien Büxenklapp achter rünnerhäng un Modder müss se hochklappen un de twee Knöp boben an dat Leibchen anknöpen. Unser Lokus wär nämlich een half Trepp deeper vor de Hoffdör.

Wenn wi dat ni schnell genog schafften, de Trepp vom Lokus hoch to kom, weil de Sieblitz von nebenan schon boben stünn un töfte un von een Foot op den annern paute, denn se müss wohl ook mol nödig, denn hebb wi uns eenfach op de Trepp mit'n Rüch an de Wand stellt, denn se sull unser'n nookten Moors ni sehn.
Wenn se uns denn frogen de, warum wi ni no binn güng'n, hebb wi eenfach seggt, wi harn noch keen Lust, denn wat geiht de Sieblitz dat öberhaupt an, wenn wi keen Lust hebb? Wi harn bloots den een Lokus un wärn een Hupen Kinner un de Sieblitz güng'n dor ook noch mit alle Mann ropp. Also, dor müss man schon ganz schön op'n Sprung sien, dormit nisch in de Büx güng.
Wi müssen ook, wenn dat anfüng düster to warn, unsre Speelsoken an de Kant bring'n, denn de Petroleumfunsel schiente bloots op'n Disch un de Footböden wär immer so im Halfdüstern.
Wi dörpten meistens mit an den Disch sitten un unsre Billerböker bekieken. Aber erst müssen wi uns de Händ waschen.
Wi harn dormols sonne stabiln Billerböker. De Sieten wärn ut Papp. Bi veermol ümblättern harn wi dat Book dörch.
Jeder wull ook am Disch den meisten Platz hebben, ober son grooten Disch harn wi ni. Denn käm dat ook vör, dat wi uns gegensietig mit de Arms beröhrn un keener wull nohgeben.
Wenn Modder de Schubseree to bunt wär, segg se bloots, dat Vadder dor wohl noch twischen kunn, un dat wulln wi ook ni so girn. Denn hebb wi, dormit dat ni so dull opfeel, de Schubseree ünnern Disch verleggt un hebb mit de Föt wieder mokt.
Lang hebb wi dat ober nich utholn, denn dat wär gornich so eenfach, sick ünnern Disch to paun un boben so to kieken, as wenn gornisch los wär.

Modder wär all wedder in de Kök to gang. Wi wärn froh, wenn Modder uns in de Kök reep, denn op'n Kökenschapp har se för jeden de Reeh no siene dree Schieben Broot hinleegt. Jeder wuss, wo sien Hupen wär. De Emaillebeeker mit den echten Kornfrank stünn ook dorbi. Wenn wi dat all wegputzt harn, güng wi, bevor Modder uns in de Betten packt har, noch mol an den Utguss in de Eck von de Kök un müssen uns dor de Händ waschen un mit den Waschlappen de Schnut affwischen. Wi sind ober ni ehr inschlopen, bit Modder vor uns Betten seeten hett un mit uns ganz lies dat Leed von den Engel:
„Breit aus die Flügel beide", sung hett.
Ober bi de letzte Stroph hebb wi uns denn meistens son beeten verrappelt. Denn dor heet dat am Enn:
„Dies Kind soll unverletzet sein", ober wi wärn schon een schön Hupen Görn un hebb immer sung:
„Dies Kind soll unser LETZTES sein."
De lebe Gott hett uns wohl erhört, denn wi hebb, seit wi dat Leed sung hebb, ook keene Kinner mehr kreegen.
Modder is denn ganz lies ut de Schlopstuv rut gohn, wenn se seh, dat wi non Sing schon meist gornich mehr bi Besinnung wärn, denn de Drömkerl hett uns sinnig de Ogendeckel rünnerklappt un is denn mit uns affbrummt.

BÜDDEL VULL GELD

Anfang der twintiger Johrn käm ick to School. Miene School wär dor, wo hüt dat Verwaltungshus von de Kieler Stadtwerke steiht, gegenöber von de Ingenieurschool. Im Krieg is se utbombt.

Dat wär 'ne verrückte Tied. Mien Modder güng den ersten Dag mit uns to School, denn ick har noch een Twillingsbrooder. As de Lehrer rinkäm, müssen wi alle opstohn un „Guten Morgen" seggen. So füng wi schon fröh mit uns erste Fremdsprok an, denn to Hus hebb wi bloots Plattdütsch schnackt.
De Toiletten würn uns ook zeigt. Wi dörpten ober nur hin, wenn wi wirklich mol meesen. Ick weet noch as hüt, dat wi 'ne Tiedlang immer mit 'ne natte Büx no Hus kom sind, bitt de Moddersen mol in de School nohfrogt harn, wi dat denn käm, denn de Görn wärn doch sonst immer drög weesen.
Wi mochen dat ni seggen wo an dat leeg, um ni von de grooten Jungs een Moorsfull to kriegen. De grooten Jungs harn nämlich an de Toilettendör mit Kreide schreeben: Weiche, weiche, weiche, — — in fünf Minuten bist du eine Leiche.
Een von de Jungs mees dat wedder affwischen. De Lehrers hebb dat ober ni rutkreegen, wer von jem dat anschreeben har.
Wi harn von den Dag an wenigstens wedder dröge Büxen.
Unser Klassenzimmer wär an de Eck von de School. Wi kunn de Legienstroot rünner kieken.
Dat wär in de Tied, wo de Kapp Putsch wär. De wär jo 1920. Ober den Generol Kapp hebb se erst 1922 in Berlin bi de Büx kreegen, un in de Twischentied wär immer noch son Nohgeplänkel.
Ick weet noch, wi de Lehrer uns Kinner op'n Footböden ünner de Fensterbank sett hett, weil se vom Kleen Kiel no de Legienstroot roppschoten hebb. Wi harn bös' Angst un müssen een Leed singen. De Lehrer wull uns afflenken. As wi loter no Hus käm as sonst, hett Modder uns um Hals fulln. Wi wussen gornich warum, denn so dull hett se dat doch sonst ni dohn.

Ick weet noch, as mien grooten Brooder, de in de Polsterlehr wär, een gooden Dogs mit wat ünnern Arm no Hus käm. He bröch een halben Schinken mit, den de Arbeiter bi Schlachter Sell in de Holtenauer Stroot ut'n Fenster ünner de Lüd schmeeten hebb. De Schinken wär ganz weesen. Een ölleren Mann, de neben mien Brooder stünn un nisch affkreegen har von de Wuss un dat Fleesch, wat se ook noch rutschmeeten harn, har een Mess bi sick un so hebb se sick den Schinken deelt.

Dormols wär jo ook de Inflation. Wi Kinner müssen morgens mit son grooten Büddel voll Geld no de School. Dor wärn all de verfullnen Million- un Billionschiens bin, de wedder öberdruckt warn schulln. Ut tein Million möken se an een Nomeddag hundert Million un ut de Billionschiene meeken se Drillionschiene. So schnell wi dat Geld ober öberdruckt warn kunnt, so schnell wür dat ook wedder verfulln.

Mien Vadder wär as Kutscher bien Strootenreinigungsamt un kreeg sien Geld erst am Nomeddag. Mien Onkel Briese wär bi de Post un bekäm dat schon morgens. Wenn miene Tante för Teindusendmark am Vormeddeg noch anderthalf Brot kreeg, bekäm mien Modder am Nomeddag nur een halbet Brot dorför.

Dor kriggst hüt schon tein Fernsehers för.

Jo, un denn schnackt se hüt schon wedder dorvun, dat wi 'ne Inflation hebb. Wenn ji wüssen, wat ick mi bi son Schnack denken do.

Aber ji weet dat jo ni.

LOOPSTELL

As ick to School güng, käm 'ne ganz neue Erfindung rut. Poor Jungs in de Klass harn se schon un trocken dor immer an op un dol. Dat wär de Reißverschluß. Son wulln wi ook girn hebb'n ober mien Modder har keen Geld. Se segg: „Erst müssen alle eulen Knööp in Hus opbrukt warn, wenn ji mol sülben Geld verdeent, denn künnt ji euch mientwegen ook noch een Reißverschluß an de Büxenklapp neihn."

Nun wussen wi, dat eenige Kinner nomeddags 'ne Loopstell harn un sick een beeten Geld verdeenten. Sonne Loopstell wull ick ook hebb'n. Jeden Vörmeddag um Klock elven wür vörm Stadttheoter von de Zeitung een Blatt mit Arbeitsstellen verdeelt an de veel'n Arbeitsloosen. De ganze Platz stünn vull Lüd, de Arbeit söchten un ook glieks mit dat Blatt losleepen.

Poor Loopstelln stünn dor ook immer bin. Ick kreeg 'ne Loopstell bi Bäcker Junge in de Feldstroot för 2,50 RM in de Wuch. Von mien erstet Geld har mien Modder mi glieks een Reißverschluß an mien Strickjack neiht. Jetzt bröch dat an- un uttrecken richtig Spooß.

Ober bim Bäcker wär dat een lang'n Dag. Ick güng mit mien Schoolranzen schon fröh ut'n Hus, denn ick har von Klock 6 — 7 'ne Semmeltour.

Op de Semmeltour dreep ick mi jeden Morgen mit 'ne lütte Dirn, de Flaschenmölk utdreegen dee. Von mi kreeg se de frischen Rundstücke un se hett de frische Mölk spendeert. Dor hebb wi denn noch 'ne viddel Stünn in de Düppelstroot op de Kellertrepp seeten un fröhstückt. Dorbi hebb wi noch in de Morgenzeitung keeken, denn de leeg ook schon im Husflur. No de Tour müss ick mi beieln, denn um Klock acht füng de School an.

Wenn de School ut wär, güng ick glieks wedder no mien

Bäcker, denn ick kreeg dor ook Meddageeten. Nomeddags heff ick mit'n Fohrrad Broot un Kooken utföhrt, oder wenn nisch to föhrn wär, in de Backstuv Bleche putzt un ole Semmeln to Paniermehl dörchdreiht.
Wenn de Geselln keen Tied harn, müss ick noch Köhln för den Backoben roppholn. Twee Fürlöcker har de Oben, een op de rechte un een op de linke Siet. Op jede Siet kippte ick acht Emmer Brikett hin, de ick över 'ne Trepp, ut'n Keller hochholn müss. Dat wär schwore Arbeit för mi. Ick müss ober immer dörch een Abstellgang. Dor meek ick, wenn de Luft rein wär, erstmol kott Pause. Op de lange Bank, neben de Mehl un Zuckersäck stünn nämlich de groote Kann mit Sahne. De Deckel von de Sahnekann wär so scheef roppsett, weil dat Halflietermot över den Rand, no binn in de Kann hüng.
Ick denk, um bi Kräften to blieben, nimmst dat Mot un schenkst di erstmol een in. Düsse Gewohnheit heff ick biebeholn, solang ick Köhln holn müss.
Wenn ick Kooken utfohrn müss, heff ick am leefsten Sahnestücke utfohrt. Dor har ick nämlich ook een Trick bi. Ick har nur vörnehme Kundschaft to bedeen. Wärn meist all Dokters un Proffessors, ganz Düsternbrook har ick as Kundschaft.
De „Windbütel" harn mi dat andohn. Manchmol müss ick een grooten Tortenpappteller, 25 Stück güng doropp, no 'ne Villa levern. Denn har ick op 'ne Bank in Düsternbrook stopp mokt, den Pappkarton opmokt un von jeden Windbütel vörsichtig den Deckel affnohm, dormit de Staubzucker ni affgüng un denn mit den Wiesfinger een Klacks Sahne affstreeken, denn den Deckel wedder ropp un son lütt beeten hin- un herschoben, dormit de Kuhl wedder dicht wär. Wenn ick alle 25 Stück dörch har, wär ick ganz schön satt. Mien Wiesfinger steek richtig von de annern Finger aff, so sauber is he von de Leckeree wurn un Sünde

is dat, wat ick mit de Windbütel mokt heff, jo ook ni wess, denn in de Bibel steiht schon: „Man sall den Ossen, de dor dreschen deiht, dat Muul ni verbind'n.“
De Bäckerlooden wär bitt Klock söben open, also vör Klock acht obends wär ick ni to Hus un sünndags müss ick ook noch von een — dree Kooken utföhrn.
Ick heff all fröh leernt, dat lütte Lüd, de sick wat leisten wüllt, schweer arbeiten mütt.
Ick har mi een Reißverschluß leistet.

DE POPPENSPEELER

Wi hebb jeden Wiehnachten immer wedder nüet Speeltüch kreegen. Dat hebb mien Öllern ober ni köff. Nee, so veel Geld hett mien Vadder ni verdeent.
Wi harn jo 'ne Lodenwohnung. In den Loden, de as Stuv inricht wär, speelte sick unser ganze Dogesabloof aff. Wenn dat buten drög wär, müssen wi natürlich rut. Ober manchmol hett dat ook en poor Dog regent. Denn bleeben wi in den Loden un jeder seet in siene Eck, wo he sien Speeltüch har.
De Jungs harn to all den annern Klöterkrom immer noch een Peerstell. Dor stünn ook een tweespännigen Ledderwogen mit allerlei Tünns op bin. Wi wärn egolweg an op- un affloden. Achter kunn man sonne Ledder von de Britsch rünnerklappen un de Tünns dor rünnerrolln loten. Dat bröch uns bannig Spoß, wenn se orndlich gegen dat Vertiko ballerten. Wi müssen bloots oppassen, dat Modder dat ni wies wür, denn de har sick bös mit ehre Politur.

Uns Peer sehn good ut, wenigstens de erste Tied, as wi se kreegen harn. Mit de Tied wärn se ober all bös mitnohm dörch de veelen Transporte, welche se dörch den Loden, ünnern Disch un ünner de Stöhl dörch, no de anner Siet röber meeken. Denn op de anner Siet har mien Twillingsbrooder sien Fuhrpark. De Peer wärn nämlich ut son Gips. Welche harn an de Been ober schon gar keen Gips mehr an, sondern stünn nur noch op dünne Holtbeen.

Vadder segg to uns: „Wiehnachten ward se utspannt un kommt in't Lazarett. Mol sehn, ob de Wiehnachtsmann denn noch een poor schöne in sien Schleedenstall stohn hett."

Miene Schwestern speelten in de annern Ecken mit ehre Poppen. De arm Poppen harn wat uttohooln. De würn egolweg an- un uttrocken. Mien Vadder har ut kleene Holtkissen Poppenbetten mokt, för de miene Modder lüttes Bettüch neiht har.

Dor würn de Poppen rinpackt un alle Ogenblick wedder rutnohm, rinpackt, rutnohm. Ick glöf, tum Schlopen sind de Poppen gornich richtig kom.

Unser Speeltüch hett mien Vadder meistens sülben mokt. He wär Aschwogenkutscher un hett dor Soken mitbröch, de he bloots noch repareern brukte.

Wenn mien Vadder de Düsternbrooker Tour har, funn he am meisten Speeltüch. Dat harn de Herrschaftskinner wohl obends, wenn dat düster wär, ni mit in ehre Villa rinnohm un morgens, wenn dat regent har, wärn de Poppen natt un de Kökschen hebb se eenfach in den Aschammer schmeeten.

Im Keller har mien Vadder all de nokten Poppengestelle op'n Bord liggen, för de mien Modder lütte bunte Kleeder ut ehre Flickenkist neiht hett. Eenmol bröch he sogor een ganzes Schaukelpeerd mit, ober ohne Steerd un Ohrn. Vor Wiehnachten wär he nur noch im Keller am Klütern.

Heiligenobend müß Vadder ook noch den Dannboom torecht moken.
Mien Modder segg: „Wi Du dat mookst, is mi egol. Hauptsok, he kippt ni üm.“
Wi harn dormols son dreebenigen Dannboomfoot. Den een Wiehnachten har he wohl een kopplastigen Boom affhaut, de immer wedder ümfeel. Mien Vadder wuss sick ober to hölpen.
As mien Modder in de Stuv rinkeem, feel se bald in Ohnmacht.
„Mensch, Papa, wat hest Du denn mokt?“ segg se.
„Du hest doch to mi seggt, de Hauptsok is, dat de Boom ni ümfallt un dat deit he ni.“
Mien Modder har den schönen runden polierten Disch, wo de Dannboom op stünn, mit ’ne gehäkelte Fransendeek to schick mokt. Vadder hett eenfach dörch de Deek dörch een tweetölligen Nogel in den Disch rinhaut un em öber den een Foot krumm bogen.
„Oh, Papa“, segg Modder, „dat Du ook alln’s so wörtlich nehm muss.“ Se hett ober denn Dannzwiege öber alle dree Feut leggt un so feel dat ook wieder gornich op, denn se wull Vadder ook ni blameern, wenn tofällig mol de Sieblitz von nebenan rinkom sull.
So güng’n se nun tosom no’n Keller, denn dat wär jo Heiligen Obend, un holten de nüen Peer, de bunten Poppen un all, wat dorteu gehörte, ropp un packten dat ringsüm ünnern Dannboom.
So seeten de Poppen bi uns, in ehre nüe Kleedasch, Wiehnachtenobend ünnern Dannboom. As Findelpoppen, ut de Aschemmer von de rieken Lüd ut Düsternbrook rutholt, harn se nun im Stinkviddel in een Arbeiterfamilie, een nüet to Hus funn.

GLÖBEN

All to veel Abwechslung harn wi Kinner im Stinkviddel jo ni, ober een poormol im Johr wär hier doch wat los, denn gegenöber von de Gutenbargstroot wär de groote Nord-Ostsee-Hall. Wi seggen „Messehall“ dorteu. Se is im Krieg tweismeeten un stünn dor, wo hüt de Hauptfüerwach un de Pestalozzi-School stohn deit. Am Enn von de Hall harn se 'ne Dampflokomotiv hinstellt mit twee Heizer op un so wär de Hall im Winter beheizt.

Wenn dor in de Hall Hushaltsmesse wär, geef dat für uns Kinner immer wat to organisiern. Intritt hebb wi ni betohlt. Wi sind bi de Toiletten över de Plank kladdert un bums weern wi bin.

Bi den Kerl mit de Kartüffelschälmaschin stünn wi so lang, bitt he wedder de lütte Wann mit geschälte Kartüffel vull har un wi dormit affhuln kunn. Modder un Vadder hebb denn bloots noch de Ogen utstoken un so geef dat meddags un obends Kartüffelpuffer mit Appelmus.

Tweemol im Johr käm ook een Zirkus in de Messehall.

Dat wär wat för uns Görn. Bi de Kinnervörstellung käm wi immer umsünst rin, denn wi harn 'ne Freekort von uns Untermieter kreegen. Uns Untermieter wär nämlich een von de Zirkusclowns. He wohnte in uns beste Stuv.

Obends käm he spät an Loden, deswegen sull'n wi morgens bien Opstohn ook keen Larm moken. Modder höl immer den Finger vörn Mund un segg: „Psi — Psi, uns Clown schlöpp noch!“

Wi Kinner wull'n so geern, dat he bi uns in de Stuv ook mol so koppeister scheeten sull as in de Messehall, ober he wull dor ni op anbieten. Ick fräg em mol, ob ick ook een Clown warn kunnt.

Dor segg he to mi: „Nee, dat brukst Du ni, Du bist all een.“

Ick heff em dat ober ni glöft.
Ober op dat Glöben kümmt dat im Leben an, denn mien grooten Brooder hett uns Lütten vertellt, dat de Eer rund is un dat wulln wi em erst ook ni glöben. He segg to mien Twillingsbrooder un mi, wi sulln dat doch mol utprobeern, un wi beid fulln dor prompt op rin.
He schnackte uns vör, dat wenn wi no'n Osten lang de Krausstroot dörch de Ahlmannstroot un Annstroot immer wieder liekut no de Brunswik dol güng, käm wi no 'ne ganze Tied von de anner Siet, von de Westsiet, bien Schietbarg wedder hoch un wärn wedder to Hus.
Wi sind denn ook losstebelt. Ober as wi am Hoben wärn un ni wieder kunn, hebb wi markt, dat dat Schwinnel wär mit de runde Eer.
Obends hebb wi mien Vadder dat vertellt un de hett ook segg, dat uns grooten Brooder schwinnelt hett, denn wenn de Eer wirklich rund wär, segg he, denn harn de Minschen ook ganz runde Feut hart.
Im Bett hebb wi obends uns Feut nochmol ankeeken un hebb uns freut, dat wi son schlaun Vadder harn.
Wi hebb jo dormols ook noch an den Sandmann glöft un sind denn, wenn wi mit uns lütten Füst inne Ogen schüert hebb, bald insloopen un hebb von uns schön Stinkviddel drömt.

DE LEHRER

Bi'n Bäcker in de Feldstroot heff ick 'ne Loopstell hart, wo ick vör de Schooltied schon fröh um Klock söß hin müss, weil ick dor 'ne Semmeltour hart har. Wenn andere Kinner

noch im Bett leegen, güng ick morgens im Halfdüstern mit mien Schoolranzen schon fröh ut'n Hus. Dat wär ni schön, in Wind, Regen un Schnee den wieden Weg vom Stinkviddel no de Feldstroot to moken. Eben dor ankom, müss ick ook glieks mit den grooten Korf op Tour un denn immer Trepp op Trepp aff mit de Semmeltüten in de Veer-Etagen-Hüser. Ick müss mi ook beieln, um ni to spät to School to kom, denn de Lehrer wuss dat jo ni, dat ick schon Semmeln utdrägen har.
Wenn de School ut wär, güng ick glieks wedder hin, denn ick kreeg dor ook Meddageeten. De Bäckerloden wär bitt Klock söven open, also vör Klock acht obends wär ick ni to Hus un sünndags müss ick ook noch von Klock eens bitt dree Kooken utföhrn.
Nun künnt ji mi frogen, wenn ick denn nun mien Schoolarbeiten mokt heff. Ick weet dat sülven ni.
Mien Wohlspruch im Dütschen wär immer: Und weißt du nicht, ob mir — ob mich, schnack Plattdütsch, denn blameerst di ni.
Bloots de Herrn Lehrersen würn dor ni mit inverstohn un so hett de Bäcker oft op mi teuben müss, weil ick nositten heff. Ick bin ehrlich, wenn dat Tüchnisse geef, kreegen veele von uns ut'n Stinkviddel een poor Wuchen vörher son komischen blauen Breef mit no Hus. Ick ook: „Wenn Ihr Sohn oder Ihre Tochter nicht fleißiger lernt, ist die Versetzung zu Ostern fraglich."
Wi harn son Erzieher as Lehrer. „Komm mal nach vorne", segg he, „ich will Dir schon helfen."
Dann müssen wi Jungs uns bücken. He nehm unsern Kopp twischen sien Been, so dat wi in de Klass kieken müssen, trock uns mit de een Hand de Büx stramm un mit de annere haute he uns mit sien Reetstock poormol deftig öbern Moors. Wat son Kind dormols dörch de Stockschläge för Wehdag utholn hett un dann noch as Erniedrigung dorch

den Lehrer sien Been in de Klass kieken müss, is ut miener hütigen Sicht reine Kinnermisshandlung wess.
Ick heff manchmol an den oln Mann dach, de mol segg hett: „Kinner sind so nett, wo kommt bloots de häßlichen Erwachsenen her?“
Ook dreegen wi fröher Klassenmützen, sonne as de Studenten ut de Düsternbrooker Gegend hüt noch drägt. Also, wi gehörten dormols schon to de „slogende Verbände“. Bloots hüt slogt se sick ut Tradition. Klassenmützen heff ick immer as Erniedrigung ansehn, denn de Mützenfarben blau, geel, rot oder grön wesselten bi jede Versettung. Veele Öllern ut'n Arbeiterviddel harn ober ni dat Geld, jedes Johr för de veeln Kinner 'ne nüe Mütz to keupen un so wärn Arbeiterkinner mit ehre ohln Mützen schon glieks as Sittenbliebers affstempelt.
Chancengliekheet weer för uns een Fremdwort un mit de dreegliedrige School wussen wi dormols ook noch nisch antofang, denn för uns geef dat nur dat erste Glied, un dat man nur knapp.
Ick heff mi mol mit 'ne Froo unnerholn. Se meente, dat dat Beste doch de dreegliedrigen School'n würn, denn wi brukt ook Nachwuchs för de Müllabfuhr.
Dor mien Vadder jo ook bi de Müllkutschers wär, hett mi dat besonners to denken geben un sull uns all to denken geben, denn wenn Arbeiterkinner dümmer sind as Mittelschichtkinner, harn miene beiden Jungs bestimmt nie ehr Abitur mokt. Oder?

NULLTARIF

Hüt ward jo immer so veel vom Bürger in Uniform schnackt. Ick meen, de richtigen Bürger in Uniform wärn doch echt unsere Schietkutscher. Ji harn se mol sehn müß, wenn se mit ehr'n langen Mantel ordentlich no Militärschnitt un de Schirmmütz mit den blanken Lackschirm un boben noch dat Kieler Wappen an, so op ehr'n hohn Kutschbock seeten un mit ehre Ärmel de Nickelknöp putzten. So föhrten se in de Innstadt rin, um in de Hüs de vulln „Goldemmers" gegen de leddigen ümtotuschen.

Op uns Jungs wärn se ni good to spreeken, denn wi harn dat bald rut, wenn de grönen „Schäddiebrenns", so nannten wi de Wogens, morgens dörch de Gutenbargstroot föhrten.

Dat güng dormols noch all no Fohrplon. Schode, dat dat düsse Fohrplons hüt ni mehr giff, denn dor kunn uns Verkehrs AG noch good un gern no föhrn, denn dat güng noch all no Nulltarif. Wi Jungs un Dirns sind jedenfalls immer girn no düssen Fohrplon föhrt, denn wi hebb achtern Knick leegen un lurt un sind denn, wenn de grönen Kassenwogen vom Grasweg üm de Eck käm, achteranloopen un hebb uns achter op dat schmole Instiegbrett mit'n Rüch an de Achterdör stellt un sind mitföhrt. Wi müssen bloots oppassen, dat de Kutscher uns ni wies wür, sonst käm he mit de lange Pietsch öber't Dack kroopen un hett uns eene röber langt. Wenn de Sünn schiente, güng dat am besten, denn dann föhrte de Schatten von den Kassenwogen mit un wi kunn an den Schatten de beiden Schietkutschers op den hohn Bock sitten sehn. Wi müssen bloots oppassen, wenn se mol üm de Eck föhrten un de Sünn uns free geef. Denn harn se uns nämlich op'n Kieker. Dann käm een von de beiden öber't Dack kropen un wi denn nüsch as rünner von dat Brett un weg.

So hebb wi Tourn mokt bit no Hassee, in de Wik, no Gaarden, Ellerbek oder wo se gerade hinföhrten. Wenn wi Glück harn, drepen wi ook noch een vulln Wogen, de trüch föhrte un uns wedder mit no Hus nähm.
Wenn wi bi Modder in de Dör käm, wuss se glieks Bescheed, wo wi solang wärn. „Ji hebb all wedder een Utflug mokt", segg se.
„So kommt ji mi ni an Disch." Denn kreegen wi een von de grauen Gerstenkornhanddeuker, een Klacks gröne Seep op de Hand un müssen non Hoff in de Waschkök un uns ordentlich affspöln, denn Modder segg immer: „Ick will Euch sehn, ober ni rüken."
Jo, so wär dat fröher.
Statt de Schietkutscher hebb wi hüt bloots sonne dünne Keed an de Wand häng'n, wo wi an trecken dot, een Rauschen un aff geiht de Post ünner de Eer dörch no de Kieler Butenförde bi Bülk.
Hebb wi ober bi de Entsorgung ook an unsre weltbekannten Kieler Sprotten dacht?

SCHIETKUTSCHERSTREIK

Dor mien Vadder mi veel von den Schietkutscherstreik vertellt hett, will ick dat mol wieder vertelln.
Anfang 1900 wärn de Schietkutscher de Meenung, dat se för ehre Arbeit to wenig Geld kreegen. As de Arbeitgeber ober ni mit jem doröber schnacken wull, hebb se streikt.
Dormols geef dat in Kiel jo noch keene WC's. Dor, wo hüt noch in veele Oldbuten de Toiletten op de halbe Trepp sind un se jetzt schon de Porzellanbecken mit Wooterspö-

lung bin hebb, dor wär 'ne groote Holtkist mit boben een Lock bin, inbut. Dat Brett, wo man op sitten dünn, kunn man hochklappen, wenn de vulln Emmers affholt würn.
För düsse Arbeit wär dat Kieler Fuhramt toständig. In de Gutenbargstroot wär dat Kontor un am Grasweg wür de Schiet verbrannt.
Man kann sick vörstelln, wieveel Lüd, Peer un Wogen ünnerweegs wärn, um rund 50000 vulle Emmers ut de Hüs ruttoholn.
Jeden Morgen ratterten de grön Kassenwogen, vullgepackt mit de Tünns, in de Instadt rin. Eenmol in de Wuch würn se wedder affholt.
Dat verleef so: De beiden Schietkutscher harn jeder eene Dracht op de Schullern, wo an beide Enn 'ne Keed mit een Hoken an wär un se de twee Emmers inhoken kunn. De Emmers wärn iserne Tünns mit een schworn Deckel tum dichtdrein. Vull wögen se över een Zentner. So güng se denn de Treppen dormit op un dol. Dat wär 'ne Knüppelarbeit, ober von grooter Wichtigkeit.
Se wärn ober ook plietsche Kerls. Wenn in eene Etosch een Emmer bloots half vull wär un in de anner ook, kippten se eenfach de twee Halben tosom un bumbs harn se wedder een Emmer över.
Se drägen to ehre Uniform jo ook noch Leddergamaschen, richtig stramm no de Waden formt, dormit nisch in de Schooh leep, wenn mol een Emmer överschülperte. So seeten se op ehrn hohn Kutschbock, wenn se no de Verbrennungsanlog föhrten. Hier würn de Emmerinhalte verbrannt un to Streudünger verarbeitet.
Wenn de Wind ungünstig käm, geef dat een bösen Gestank, wenn de stinkige Rook ut de dree grooten Schoosteene käm un över uns Viddel röber güng.
De Stadt Kiel har jo dormols schon knapp Geld un spoort wür toerst immer bi de lütten Lüd. 200.000 Inwohner har

Kiel dormols. De Kunsthall un dat Rothus hett veel Geld kuss un een Theoter müss Kiel ook hebben. De Marinehofen sull immer schick utsehn. Ober wo sull dat veele Geld toletzt herkom? Also würn Schulden mokt un dat ni so knapp.

Um de Schulden wedder rintoholn, güng'n se ook an de Löhne von de Schietkutscher ran. De wussen ober, wat se för 'ne „duftige Beschäftigung" harn un leeten ehre Peer im Stall.

Nun holte keener mehr de Kübel aff un schon no 'ne kotte Tied, füng dat överall an to stinken. Wer in't Rothus oder in een von de veeln Kontors rinkäm, heel sick de Näs dicht.

De Arbeiter hölten ober tosom. Solidarität wür dormols ganz groot schreeben. Striekbreekers hebb se oplurt. In ehrn Peerstall käm so licht keener rin. Manchmol hebb se doch ünner Polizeischutz een Wogen anspannt kreegen un sind mit een Sipo op'n Kutschbock dormit losföhrt. Ober de hebb sick dor so tüffelich bi anstellt un veel bröch hett dat ni, denn veele Lüd hebb to de Schietkutscher holn un ehre Schiethusdörn affschloten.

Toletzt wärn sogor noch Arbeitsloose ut'n Ruhrgebiet un ut Berlin holt, ober de meisten wussen garnich, dat se as Striekbreekers arbeiten sulln. Se wärn op'n Wohnschipp im Hofen ünnerbröch.

Ober wenn de mit een Wogen angefohrt käm, güng glieks de Klopperee los. Bevör de Kerl mit den Sipo von den Kutschbock rünner wär, harn de Schietkutscher schon achter de Dör opreeten un de vull'n Emmer umstött, so dat de ganze Jauche op de Stroot leep.

Veele Lüd hebb ehre Emmer op'n Blockwogen lod un non Gorn föhrt. Ober as se dat leed wärn, hebb se de Emmer eenfach op de Stroot kippt. Dat schnackte sick schnell rüm un so nehm düsse Strootenentleerung ehren Loop bitt non Rothus hin.

Nun endlich käm Bewegung ünner de Rothusheern, denn gegen düsse Spezialtruppe vom Öffentlichen Deenst käm se ni gegenan un müssen de Schietkutscher doch mehr Geld geben.

UNS SPEELTÜCH

Wenn ick hüt mol so vergliek, wat wi fröher in de Christian Krusestroot förn Speeltüch harn un seh, womit de Kinner hüt all speelt, denn meen ick, dat ist bloots Geschäftemokeree, wo sick eenige Groote ganz schön gesund an steuten.
Dor giff dat de veeln bunten Plastikautos un Treckers, wo de Lütten sick rinsetten künnt, dor ober ni lang bin sitten bliebt, weil se no 'ne kotte Tied schon een koolen un natten Achtersen dor op krigt.
Wenn ick seh, wi de lütten Dirns mit ehre Poppen speelt, de richtig üm de Ecken loopen künnt un ut de Ogen komt richtige Trän. Wenn se ni mehr ween künnt, denn müt de Moddersen dormit in de Kök un de Poppen wedder optanken.
Wo de Industrie hüt ook överall opkümmt. Kiekt euch doch bloots mol de neemodischen Kinnerwogen an. Ordentlich mit een Panoramaverdeck, segg man jo hüt dorteu. Wenn ick de lütten Krüppers dor bin liggen seh, hebb de Ogen dicht un sind am Schlopen oder Brüll'n. Ober dree groote Fenster in't Verdeck inbut, dat mut jo sien.
Wi hebb fröher ook Speeltüch hart, ober an unser Speeltüch, wat wi harn, dor wär nisch an to verdehn. Wi harn ook gornicht dat Empfinden, warüm op dütt Gebiet 'ne

Marktlücke sien sull, denn as wi lütt wärn, wär uns Vadder unser Speeltüchproduzent un as wi grötter wärn, hebb wi uns dat sülben mokt.

Trudelreifenloopen, dat wär wat för uns Jungs. Wenn wi op'n Schietbarg een verbogenen Fohrradreifen funn harn, hebb wi uns em hinbogen. De Speichen hebb wi rut mokt un sind dor denn mit üm uns Hüserblock loopen. Dormit he in de Gang bleef, harn wi son kotten Stock in de een Hand, womit wi an de Siet mit leepen un, wenn he denn ni recht mehr wull, achter gegen den Reifen hauten.

Wenn he ut'n Kurs leep, hebb wi em mit den Stock ook stürt. Leep he no rechts, hebb wi em no links röber drückt un ümgekehrt no de anner Siet.

Sonne Fohrradreifen wärn ober ni so rieklich to finn, lütte Kinnerwogenreifen geef dat mehr. Dor wär meist keen Gummi mehr op, ober dat güng ook so. Wi hebb denn in dat Achsenlock in de Mitt von den Reifen een kotten Stock rinhaut. Um dat Rad tum Loopen to bring'n, hebb wi een lang'n Stock in de Hand holn un hebb em bien Loopen gegen den kotten Stock schoben un so hebb wi em ook stürt.

Mien Vadder hett immer seggt, dat Trudelreifenloopen gesund is. Wi leepen im Sommer jo barfoot.

Wenn dat op'n Harvst teu güng un dat köller wür, segg mien Vadder immer: „Gerode im Harvst is dat besonners gesund, denn je mehr Ji üm den Hüserblock loopt, je warmere Feut krigt Ji.“

Hüt weet ick ober, dat he an dat veele Schoohtüch dach har, wat jo schneller wedder tweigüng, je fröher man dor op leep. He wär jo toglieks ook unser Schooster un hett uns Schooh, so lang as dat güng ut'n Verkehr trocken, denn he wuss, dat wi uns Feut ni affloopen kunn, denn de wussen immer wedder no.

DE KASSIERER

As Anfang 1900 de Schietkutscher streikten, wär dat ni eenfach, den Streik dörchtostohn, denn de Gewerkschaften wärn dor noch ni so stark, as se dat hüt sind.
Ick will nun mol vertell'n, wi dat koom is, dat ick schon as lütten Jung mit de Gewerkschaft to dohn har.
Ick weet noch, as mien Vadder no Fierobend oftmols mit siene Tasch ünner'n Arm losmascheert is un hett kassiert. He har de Tasch vull lütte Böker un ook noch 'ne Blechschachtel tum Opklappen mit'n Stempelkissen dorbin.
Um Modder een poor Görn afftonehm, hett Vadder uns Zwillinge manchmol op de Tour mitnohm. Mien Vadder wär ook son lütten Spoßvogel. He segg to uns, he brukte uns as Kontrolle mit un wi glöbten dat ook. Jedet Mol, wenn mien Vadder wedder een Book trech mokt har, holte he sien Stempel rut. V d G u St stünn dor ganz lütt op. Dat wär 'ne Affkörtung un sull heeten:
Verband der Gemeinde und Staatsarbeiter.
Hüt wür man wohl Ö t V dorteu seggen.
Un mit dissen Verbandsstempel hett Vadder, wenn he een Book affstempelt har, uns ook noch jeden een op de Hand drückt. Wenn de Hand vull wär, hebb wi Vadder den Arm ook noch hin hol'n. He segg uns ober, wi dörp dat erst to Hus wedder affwaschen, wenn he dat mit sien Böker vergleeken hett.
Wenn dat denn stimmte, kunn wi uns tosom noch för fiev Penn von Jörgensen 'ne Tüt mit Kieler Mischung hol'n. Dat wärn de Bruchbonscher.
So wär uns Vadder, un wenn he noch wat no Fierobend verdeente, denn hett Modder un wi Kinner dor all goot von hart un wenn dat ook nur de poor Groschen Kassiererprozente wärn, de uns Vadder niemols för sick alleen vernascht hett.

PEERKUTSCHER

Hüt heeten de Strooten, wo wi fröher op speelten, Fahrbahn. Wi seggen dormols noch Peerstroot dor teu.
Oft seeten wi denn op den Kanntsteen un hebb den Kutscher bewunntert, wenn he op sien Kutschbock seet, mit de lange Pietsch in de een Hand un in de annere de Peerlien, wo mit he de Peer ook stüern dünn.
Manchmol nehm he een von uns Lütten mit op sien Bock un leet uns mol de Lien holn.
Dor wi ni immer mitfohrn kunn, hebb wi ook girn sülben Peerkutscher speelt. Wer een Schwester har, de hett 'ne richtige geknüttge Peerlien hart. Mien Schwester hett uns ook eene mokt. Dor brukte se 'ne lütte leere Zwirnsrull teu, sonne as Modder boben op ehre Neihmaschin har.
Vadder hett denn bloots üm dat Lock rüm veer lütte Nogels rinhaut, ober nur half rin. Von Modder kreeg se de Restwull, de öberbleeben wär un denn kunn dat Peerlienmoken losgohn.
Wi Lütten hebb uns immer wunnert, wi mien Schwester dormit ümkunn. Se hett de Wull krütz un quer üm de veer Nogels leegt, denn wedder affnom un von vörn anfung. Dat Affgenommene verschwunn dörch dat Lock un so käm no 'ne Tied ünner 'ne bunte Peerlien rut, de immer länger wür.
Wenn wi Peerkutscher speelt hebb, wull nun jeder Kutscher sien. Dat güng ober ni. Wi hebb denn afftellt: „Iller, Miller, Muh, raus bist Du.“ Bitt eener öber bleef, biem Tweespänner twee. Dat wärn denn de Peer. De Peer kreegen an de Arm de Peerlien anbunn un de Kutscher har de lange Lien in de Hand.
Dat seh goot ut, wenn se schon im Stand mit ehre jungen Peerbeen op un dol stampten. Bi „hü“ hauten se ober aff üm den Hüserblock rüm. De Kutscher har sonne sölbst ge-

mokte Pietsch mit een Sackband an in de Hand. Dor se ober ni knalln wull, reep de Kutscher immer, gans lut: „Knaller-Knaller!“ Un denn hauten de jungen Peer ober aff, den Kopp ordentlich im Nacken un wärn am Wiehern.

De Dirns hebb Peerkutscher ni mitspeelt. Ober op de Strooten, wo hüt bloots de Autos fohrt, hebb se mit ehr Springtau stohn. Twee Dirns hebb denn schwenkelt un de annern sind de Reeh no dor rinnsprung'n.
Wenn se in de Luft wärn, wür ook manchmol tweemol schwenkelt, dat wär denn de Doppeltsprung.
De Dirns wärn ook geschickt biem Ballspeeln an de Huswand. Se hebb sick richtige Opgoben geben. Mol hebb se den Ball mit de Füst oder mit de flache Hand oder mit den Kopp an de Wand bröch, denn wedder achtern Rüch rüm un ünnern Knee dörch un hebb sick dor noch bi rümdreiht. Jedet Mol, wenn de Ball wedder von de Wand trüch sprung, wür wat anners mokt. Wenn eener den Ball falln leet, käm natürlich de Nächste ran.
Wenn dat regent har, hebb wi in de Husdör seeten un Strootenrooten speelt. Wi harn fröher veele Strootenbohnlinien un op jede Linie geef dat den Knippschien, wo ganz lütt alle Haltestelln op stünn un dat wärn nur Strootennoms. Jeder von uns seet mit'n Hupen ole Schien's in de Hand un wär am Roten. Wer as erster de gesöchte Stroot funn har, wär Sieger.
So hebb wi freuher speelt un uns Teddis, de mit Heu utstoppt wärn un Modder meistens sülben neiht hett, mit de hebb wi uns im Bett noch wat vertellt, bitt wi inslopen sind.
Un Knöp harn uns Teddis ook nur an ehre Büxen un ni, wi se dat hüt hebb, im Ohr.

HEIMARBEIT

In de Schauenburgerstroot bi Bäcker Mangels im Achterhus wohnte uns Tante Briese un hett dormols Büxen un Arbeiterhemden för Jacobsen neiht. Mien Öllern wärn mit Brieses befründet. Mien Tante hett to mien Modder segg, se sull dat Neihn doch ook mol verseuken, se wull ehr dor girn bi hölpen.
Dat Büxenneihn kreeg mien Modder ober ni hin, dat kunn mien Tante beeter. Ober dat Hemdenneihn har se bald begreepen.
Dor mien Tante mit ehr Familie no Amerika utwandern wull, hett se mien Modder vörher bi Jacobsen inföhrt un so kreeg se de Hemden in Heimarbeit. De Neihmaschin nehm se ook ni mit no Amerika. De kreeg mien Modder un Vadder öbernähm de Wartung. He hett de Maschin immer fix ölt.
Wi Kinner dörpten dor ober ni an speeln, denn ick har mi mol den Dum twischen de Pleuelstang un dat Trittbrett klemmt un schree un bloot as son Schwien. De annern hebb all üm mi rümstohn un hebb mitblarrt.
De Hemdenneiherie wär ober keene regelmässige Arbeit. Mien Modder kreeg erst wedder Stoff leefert, wenn alle Hemden verköff wärn. So wär se manchmol lang ohne Arbeit un Geld.
Wi Kinner seeten oft vör dat groote Lodenfenster un töften op dat rote Jacobsen-Auto. Manchmol hebb wi ook blinden Alarm mokt, wenn dor buten wat an to rattern füng un Modder ut de Kök angeloopen käm un denn trurig wedder afftrök.
Ober wenn dat richtig käm, dat rote Jacobsen-Auto, un wi ganz dütlich „Jacobsen" leesen kunn, obgliek wi noch gornich leesen kunn, denn geef dat een groot Hallo. Wi keeken all to, wenn de Kerl de groote Achterdör vom Auto op-

meek un de Stoffrull op'n Ass nehm un no uns rinkäm. Denn stünn wi all üm en rüm un keeken no em ropp, denn wi wärn noch so lütt un riekten mit uns Köpp noch niemols an sien Büxentasch ran.
Mien Modder keek sich glieks den Zettel op de Rull an. Wenn dor „EILT“ opstünn, denn wür glieks de groote Disch im Loden kloor mokt un de Rull no 'n Mootband affrullt, inschneeden un in Stücke reeten. Dat steufte bös un har ook son södlichen Geschmack. Wi Kinner wull'n all girn mithölpen, ober Modder mäk dat leeber alleen, denn mien grooten Brooder hett ehr mol de Knöplöcker veel to groot schneeden un se har veel to do'n, se wedder enger to neihn.
Bie'n Toschnieden bleeben ook immer noch Stoffreste över un de hett mien Modder denn tosomneiht un för mien Vadder un uns Jungs dor Hemden för mokt. Uns meek dat nisch ut, wenn wi op'n Buk oder am Achtersen een poor Nähte mehr harn.
Wenn wi Görn abends in de Puch leegen, wär för Modder ober noch lang keen Fierobend, denn hett se noch seeten un an all de Hemden Knöp anneiht, denn je eher de Hemden fertig wärn, je ehr geef dat ook Geld.
Wi sind denn am annern Dag mit dat Hemdenpaket op'n Blockwogen no'n Oln Markt trocken un hebb dat bi Jacobsen affleefert. Vadder is in't Kontor gohn un hett dat Geld affholt.
Wi hebb denn mit Modder to Hus op Vadder töft, denn wi wussen, dat Vadder sick an son Dag ni lumpen leet.

TELEFON

Mien Öllern hebb doch een, „fein Rüker" hart, dat se mit uns in't Stinkviddel trocken sind.
Se hebb sick ni dörch den anrüchigen Nom dorvon affholn loten, von de Ahlmannstroot, wo ick geborn bin, in de Christian Kruse Stroot to trecken.
Wenn ook mol bi Westenwind de Qualm von de Müll- un Fäkalienverbrennung twischen de Hüs dolschlogen de, würn eben de Fenster un Dörn an de Dag gornich opmokt. Denn bleef ook de Lodendör dicht un wi müssen dörch de Hoffdör öber de Krausstroot no buten.
Wi markten den Gestank all gornich mehr un bi söben Görn is sowieso immer mol eener dortwischen, de rüken deit.
Wi harn dor jo 'ne Lodenwohnung. Sonne Loden tum Wohn geef dat noch ni so rieklich, denn Supermärkte kannten wi ni. Höchstens mol een Konsumloden un dorteu an fast jede Eck son lütten Höker, Mölkmann, Schooster, Putzbütel oder wat dat sonst noch för Tante Emma Loden geef.
Unser Loden wär bi schlecht Wetter unser „Komunikationszentrum", wi se hüt jo wohl dorteu seggen würn.
Dorbin sind wi op manche Tricks kom. In de Gutenbargstroot harn wi to weeten kreegen, dat in een Gastwirtschaft Telefon sien sull. Tein Penn kuss dat. Mien Broder un ick hebb tosompackt, jeder geef fiev Penn. Wi harn bloots Angst un wussen ni, ob de Kröger uns ook an sien Klöhnkassen ranloten de. De Telefonbude wär nämlich een half Trepp deeper vör de Hoffdör. Dor wär fröher mol een Lokus bin weesen, wo se den Emmer rutschmeeten hebb un dorför an de Wand son Kassen mit 'ne Quasselstripp anbut harn. Dat wär een Kassen mit een Hoken an de Siet, wo 'ne Ohrmuschel mit son Holtgriff an bammeln dünn.

In de Mitt von den Kassen keek een beweglichet Gestell mit 'ne Tüt tum Rinschnacken rut, dat man op- un dolstelln kunn, för lütte un groote Lüd. Wi müssen uns op de Teenspitzen stelln, um öberhaupt mit de Schnut an de Tüt to kom.
Ober as sick dor eener melden dünn un an to schnacken füng, wussen wi vör luder Lachen ni, wat wi seggen sulln un sind denn, bevör de Kröger den Larm spitzkreeg, mit een grooten Hallo ut de Bud rut un no Hus loopen.
To Hus sind wi beid öbereenkom, uns ook een Telefon to bun. Mien Modder hett jo in uns Stuv Arbeiterhemden neiht un har immer een poor Rulln Twirn liggen. Wi hebb uns eenfach eene Rull klaut.
Nun sind wi beid bigohn un hebb dörch den ganzen Loden dörch, immer hin un her un krütz un quer, den Twirnsfoden spannt. In twee Ecken diagonol von den Loden hebb wi een Schemel stellt, wo jeder biem Telefonieren op sitten sull. An beide Enn von den Twirnsfoden käm een Deckel von de Schoohkremdoos an. De Foden güng dörch een lütt Lock in de Mitt von den Deckel un wär achter mit son halben Rietsteeken fassholn.
As wi fertig wärn güng ook glieks dat Telefonieren los. Herbert seet op sien Schemel un in de anner Eck seet ick op mien.
„Hallo, — bist du dor?“ reep he ganz lut.
„Jo, — hier bin ick“, schree ick ut miene Eck.
„Mensch, — dat har ick ni dacht, dat dat schon bi de erste Prob so goot to hörn wär.“ De Arbeit har sick lohnt. Wi harn nun ook Telefon.
Ober bi de Post hebb wi dat ni anmeld.

UNS GORN

Mien Öllern harn gegenöber von de Christian Kruse Stroot twischen Grasweg un den Schietbarg een lütten Gorn. Mien Vadder har den Gorn immer fein to schick.
Wi Lütten käm ober erst mit, wenn dat wärmer wür. „So“, segg mien Vadder dann, „morgen is dat sowiet. Morgen süllt Ji dat groote Wunner mol sehn, dat hett nämlich över Nacht im Gorn schniet.“
Mien Modder segg, he sull de Görn nisch vortühn, denn im Mai schniet dat ni mehr. „Doch“, segg he, „in uns Gorn hett dat hüt Nacht schniet, de ganze Gorn is noch witt. Dat künnt Ji all morgen sülben sehn.“ Wi wärn jo nun gespannt as son Flitzbogen.
As wi von wieden schon över de Heck kieken kunn, hebb wi dat groote Wunner sehn, wat uns Vadder mokt har. De grooten Klamotten, de he all schnurgrod links un rechts von den Weg leg har un mit twee Krümmungen um de Gornbud rüm güng'n, sowie de runden Blombeete, de ringsrüm ook mit Steen utlegt wärn, har he all schneewitt ankalkt. De Stämme von de Obstbäum wärn ook bit een Handbreet ünner de Äst witt anstreeken. Mien Vadder segg, dat wär ook glieks gegen de Rupen, de dor an hochkladdern wulln.
Op'n halben Weg no de Bud hin har he den grooten Bogen övern Weg, wo noher de Spalierbohn an hoch ranken sulln, ook witt anpöhnt.
De Grooten hebb alln's noch lang bestaunt. Wi Lütten hebb uns dor ober ni bi opholn un sind glieks dorchloopen no den Kaninkenstall. De Kaninken harn uns dat nämlich andohn. De harn sick dat wohl all affmokt. Immer wenn wi bi se rinkiken deen, meeken se uns Fratzen. Mien Modder segg immer, wi sulln dor ni solang vörstohn, denn dat steekt an.

Im Sommer har mien Vadder immer de herrlichsten Erdbeern. Dat käm dorvon, dat he se schon biet Planten immer fix wat ünner de Feut geben har. He har nämlich op sien Fohrrad achter im Gepäckträger son Wirnkorf inspannt mit een lütt'n Schüffel un Handuhl dorbin. Dormols wärn jo mehr Peer as Autos op de Strooten un överall, wo se ehre Äppel falln leeten, wär mien Vadder mit sien Schüffel un Handuhl dorbi un hett sien Korf vullmokt. He har im Gorn schon een schön grooten Peerschiethupen liggen.
Bös pingelich wär he ook mit siene Kartüffeln. De Plantkartüffeln har he bi uns im Keller eenzelt in Holtkissen nebenanner opstellt, dat de Kiem hoch stünn un so hett he se ook plant.
Mien Vadder wär ober ook en Spoßvogel. As he mit Kürbisse op'n Blockwogen no Hus käm, hett de ole Fru Meyer ut de Schauenburgerstroot mol to em seggt: „Mensch, Vadder Blomberg, wat hebb Se bloots för schöne groote Kürbisse." Dor hett mien Vadder to ehr seggt: „Oma Meyer, dat sind doch keene Kürbisse, dat sind miene Kartüffeln." Mit Oma Meyer hett he immer so achtersinnig schnackt.
He föhrte mit 70 Johrn noch op son olet Fohrrad mit den Peerschietkorf. Oma Meyer kunn dat ni begriepen, dat he noch Radfohrn dünn. Op ehr Frog, warum he dat denn noch mit 70 Johrn deit, segg he to ehr: „Ja Oma, wenn ick jetz schon ni mehr Radföhrn schull, wat schull ick denn moken, wenn ick old bin."
Oma Meyer meek ook immer son Gesicht, as wenn se alln's glöben de, wat mien Vadder ehr vertellte un he har sien Spoß dorbi.
Ick denk noch doran, as he ehr dat Drama von den Nachtwächter von Gettorf vertellte, den se ni beerdigen wulln.
Dat kunn se ni begriepen. „Dat kann doch ni angohn", segg se immer wedder to mien Vadder. „Jo", segg he, „dat is so wohr as dat Amen in de Kark." As se denn nofrogen

de, warum se em denn ni beerdigen wulln, hett he ehr de Wohrheit seggt. „Jo“, segg he to ehr, „weil he noch ni doot is.“
Wi hebb noch manchmol von Oma Meyer un mien Vadder schnackt.
Ick weet noch, wi Oma Meyer utbomt wär. An een Sünnobendobend üm Klock tein geef dat Fleegeralarm. Oma Meyer wär grod dorbi, ehrn Kökenherd mit de veelen isernen Ringe to putzen. Ook de blanken Handstangen, de so üm den Herd rumgüngen, wienerte se mit Schmirgelpapier. As se no de Entwarnung ut'n Bunker rutkäm, wär ehr Hus weg.
Jo, nun bin ick von mien Vadders Gorn op Oma Meyer kom un weet gornich, wi ick dor nun dat Enn finn sall. Ick lot dat so.

MARZIPONKOOKEN

In de Wuch geef dat normolerwies bi uns to Hus keen Kooken. Wi kreegen morgens un obends uns tosomgeklappte Stulln un wärn dor ook mit tofreeden. Dorför geef dat sünndags ober meistens Streuselkooken.
Wenn Geburtsdag wär un wi kreegen Beseuk in uns Vorderstuv, so nannten wi de Stuv, in de wi sonst ni rin dörpten, denn müss ook een Sandtort op'n Disch.
De Fruns, de een Sandtort backen kunnt, wärn de Kloogen ünner de Kookenbackers.
Wi harn een grooten Tantenkreis. Ünner düsse Tanten wärn ober bloots dree, de richtig Sandtort backen kunnt. Dat wär uns Tante Berta, Tante Mimi un mien Modder.

Ober keen von uns Tanten hett ehr Rezept verrot, mien Modder ehr ook ni.
So veel Eier, Zucker un Bodder kunn mien Modder in den Kooken ni rinballern, denn so veel Geld harn wi gornich. Mien Modder hett dat ober dörch son Zubereitungstrick utgleeken un wi Kinner müssen ehr dorbi helpen. Richtige Lust harn wi dor ober ni to. Dat Erfolgsrezept leeg nämlich in dat richtige Umröhrn.
Mien Modder ehrn Kookendeeg müss im Kokpott eene ganze Stünn ohne Pause röhrt warn un denn ook noch immer nur no rechts rüm. Wi hebb uns dorbi afflöst. Modder seet denn op'n Stohl un har den Kokpott twischen de Been klemmt un wär am Röhrn.
No een 1/4 Stünn käm Herbert oder ick ran. Wi seeten denn in de Kök op'n drögen Feudel in de Eck. Modder hörte ober erst op to röhrn, wenn wi richtig seeten. Denn stellte se uns schnell den Pott twischen uns Been un wi füng ook glieks an wieder to röhrn, denn dat wär de Trick, eene Stünn ohne Ünnerbreekung un immer schön no rechts rüm to röhrn.
Wenn wi dat ober ni dörchholn kunn, immer nur no eene Siet rüm to röhrn, dor uns Arm lohm wür, is Modder wedder mol för tein Minuten insprungen.
Modder güng in de Tied wo wi röhrten, ni ut de Kök rut, denn se hett uns eenmol dorbi tofoten kreegen, dat wi, as se buten wär, Pause mokt harn. De Sandtort is denn ook nisch wurn. As se den Kooken ut de Hex rutnohm har, feel he non Ogenblick boben ganz tosom. „Nun hebb wi dat Malheur," segg Modder, „nun is dat een Klatschkooken wurn." De Beseuk segg ober to ehr, dat de Kooken so ook schmecken de.
Wi Kinner mochen den Klatschkooken veel leeber as de richtige Sandtort. Wi nannten em Marziponkooken, weil he bin ni ganz goor wär un wi Marzipon schmecken de.

Ober son Marziponkooken geef dat fast gornich mehr. Modder ehr Kniff wär jo Sandtorte backen un op unsern Marziponkookenkniff, dor feul uns Modder nun ni mehr rin.

DE MOOLER KÜMMT

Wi wohnten jo in sonne lütte Loodenwohnung un man kann sick vorstelln, wi sonne Wohnung no een poor Johr utsieht, wenn dor 'ne neegenköpfige Familie in wohn deiht. Denn wär mol wedder 'ne Renovierung fällig, wür man hüt wohl dorteu seggen.
Bi uns käm ober keen Mooler, denn uns Mooler wär mien Vadder. Dor wür de Sünnobend un Sünndag to nohm. Meistens wür'n denn ook glieks twee Stuben op eenmol to schick mokt, wenn man doch schon mol dorbi wär.
Wi Lütten freuten uns schon dorop, denn wi wür'n de Tied utquartiert. Wi käm nämlich in den Keller. Wi dree Görn wussen schon Bescheed, wenn Modder mit uns Betttüch in den Keller güng un hett, ohne dat dat een ut'n Hus markte, uns Looger twischen de Kartüffelkisten fartig mokt. Im Keller dörfte jo keener schloopen, ober wi wohnten jo Parterre un dorum feul dat ook wieder gornich op, denn dat wär jo ook bloots för twee Nachen.
Bevör dat obends in den Keller ging, müssen wi boben noch mol all op'n Pott, dormit twischen de Kartüffeln nisch passierte.
Tapeten hebb wi dormols jo noch ni hard. De Wänn un Deeken wür'n all affwuschen un denn mit nüe Farf anwitschert.

Mien Vadder hett ut veele Farbreste immer wedder Farben biem Umröhrn rutzaubert, de dat normol gornich geben de. Dat wärn ook sonne Farben, wo man ni so dicht an rangohn dörf.
In den Farbemmer hett he een Feudel rindükert un denn utwrung. Dorno hett he den natten Feudel krütz un quer an de Wänn rünnerrollt. Dat geef richtig sonne Phantasiemuster. Wi hebb, wenn wi obends in de Puch leegen, immer nüe Figurn un Tiere entdeckt. Dor wärn richtige Seukbiller twischen.
Dor wi dormols jo nur im Winter een Stuv inheizt harn, weer uns Schloopstuv immer kolt. We hebb de ersten tein Minuten bös klappert, wenn Modder uns ünner de Deek packt har.
Gegenöber uns Eckhus von de Krausstroot wär son lütt Wohnhus för twee Bohnwärterfamilien but wurn. Dat Hus steiht dor hüt noch. De Murlüd wärn fix an arbeiten. Wi sulln mol no se hingohn un se frogen, ob wi ni jeder een Mursteen för de Feut to warm kriegen kunn.
Mit een groten Hallo keem wi jeder mit een Steen an. In de Kök har mien Modder de lütte Hex innegang un op de Siet, wo för sünndags immer de Streuselkoken rinkeem, leegen jetzt unsre Mursteen bin. No nee Stünn, bevör wi int Bett müssen, hett Modder se rutholt un in Zeitungspapier wickelt un to Fotend in uns Betten packt.
So sind wi denn mit warme Feut bald inschloopen un hebb gornich markt, wenn Modder uns de Mursteen um Middernach, wenn se affkeult wärn, wedder wechnohm hett.
Jo, - - uns Modder kunn mit de Mursteen ümgohn.
Ick glöf, wenn dat freuer schon 'ne Gewerkschaft för Moddersen geben har, mien Modder wär wohl in Bau-Steine-Erden ringohn.

LEBENDE BILLER

Ick weet noch, dat veel öber lebende Biller schnackt wurn is un dat de sick ook richtig bewegen sulln. Im Kino kunn man so wat sehn. För Kino harn mien Öllern ober keen Geld.

Een ut uns Hus käm een Dogs dormit, dat he ook son Kassen har, wo he lebende Biller mit moken kunn. Wi sulln alle no em roppkom un uns dat sülben ankieken. Intritt: fiev Penn.

Mien Vadder segg glieks, dat dat Schwinnel wär. Son Kassen kost een poor hundert Mark un denn künnt sick de dor boben gornicht leisten. Wi hebb ober doch fiev Penn kreegen.

As wi boben in de Stuv rinkäm, wär schon alln's düster mokt. Wi müssen uns op'n Footböden setten, dormit jeder wat sehn kunn. Op een Disch har he son schwatten Kassen stohn, wo vörn een Rohr mit een rundes Glas an wär.

Elektrisch harn wi dormols noch ni. An de Siet von de Kassen wär sonne lütte Klapp tum Opmoken. Dor stünn 'ne flache Lamp bin, wo man den Docht an hochdreihn kunn. Achter de Lamp wär een krumm runden Speegel, de dat Licht von de Lamp dorch dat Rohr an een groot Bettloken an de Wand schmeet.

Vörn an de Lins har he een Glasbild in een Gestell rinschoben. Denn schöf he den Disch so wied an dat Loken ran, bit wi wat sehn kunn. Veel to sehn wär ni von de Biller mit son lütt Lamp, ober wi wärn schon froh, op dat Bettloken öberhaupt een poor Lüd to sehn.

Wi wulln ober, dat de Lüd sick von alleen bewegen sulln un ni, wi he se bewegt hett. He hett eenfach jedes Glasbild, wo Lüd op wärn, in den Rohm hin- un herwackelt.

Wi Kinner hebb uns ober trotzdem freut, denn he frög uns immer, ob se sick noch duller bewegen sulln un wi schreen denn alle wi unkloog: „Jo-jo- duller.“ Un denn hett he se noch, wi op sonne Sprungfedder, op-un dolhopsen loten. Wi hebb ober gornich markt, dat he uns sien poor Biller all dreemol zeigt hett, denn bi de Wackelee föl dat wieder gornich op.

Von uns ersten lebende Biller hebb wi noch veel schnackt un Vadder hett uns ook in den Glöben loten, dat de Biller sick richtig bewegt hebb.

He hett uns ober ni vertellt, dat de Lüd op de Biller im grooten Kino sick richtig bewegen un ook üm de Ecken loopen kunn.

Vadder wull ni doröber schnacken, denn he wär jo een sporsam Mann un dat hüng wohl ook mit den Intrittspries von fiev Penn tosom.

EEN EI

Wi kunn fröher bloots een Stuv inheizen, weil wi so knapp Köhln harn. Wenn wi Lütten noch im Bett leegen, ick leeg mit mien Zwillngsbrooder in een Bett, hett mien Modder den isernen Oben in de lütte Stuv klor mokt, Asch rut un den Oben anbökt.

Immer een no 'n anner wür denn ut sien Bett rutholt. De Waschschötel stünn schon vörn Oben op'n Stohl un Modder hett denn mit den Waschlappen in uns Schnut un Ogen rümwischt. Affdrögen müssen wi uns sülben un ook de Schooh un Strümp antrecken. Wenn eener kloor wär, hett Modder den nächsten ut de Puch holt, bitt se alle dörch wärn.

De dormit torecht wärn, dörften ober nur an't Fenster, wenn se ook dat Leibchen an harn un de Jack doröber. Dat güng nämlich um den besten Fensterplatz. Am Fenster wärn öber Nacht de herrlichsten Isbloom hochwussen. Dor hebb wi denn vör seeten un teuft, bitt se von boben an so langsam an to taun füng, denn de Warm vom Oben steeg no boben un plöckte ganz sutsche, een Isbloom no de anner von't Fenster dol.

Vörn Fenster harn wi ook den lütten Kinnerdisch stohn mit uns Hoferflockensupp. Dat wärn ober keene Hoferflocken ut „Müllers Mühle“. Dor wärn bös Schluben twischen. Wi kreegen se bien Schlucken immer in Hals, meesen se ober eeten, denn mien Öllern harn 'ne Stell, wo se se günstig her harn.

Obends seeten mien Öllern an den grooten un wi an unsern lütten Disch. Wenn mien Vadder mol een Bückel mit bröch har, hebb wi uns besonners freut. He hett sick mit mien Modder een deelt un wi kreegen jeder een lütt Stück. Wenn mien Öllern ehrn Bückel opharn, geben se uns ober noch dorvon de Hut, den Kopp un den Sterd un leeten dor ook noch immer mehr an as sick dat gehörn dünn. Dorteu hett noch jeder siene dree Schieben Broot verdrückt. Ober dorbi güng dat immer um den Knust, denn op den Knust wärn se jo all scharp.

So dick schmeern kunn wi fröher ook ni. Dat hett Modder immer mokt. Wenn de Striekwuss ni lang'n wull, hett se för de letzten Stulln, de nisch mehr affkregen hebb, immer son Kräuterkees tum Groschen hart. De wär so groot as son Brummkriesel un den hett se op son lütt Riebiesen öber de letzten Stulln hin- un herreeben un so wärn alle Stulln belegt.

Striet un Larm hett dat ook mol geben twischen uns Görn. Ober wenn eener krank wär, denn hebb wi alle richtig mit em föhlt. Wi hebb denn üm sien Bett stohn un tokeeken,

wenn Modder em mit den grooten Löpel den Hustensaft ingeben hett. Diät kannten wi dormols noch ni un een Ei hett Modder höchstens mol biem Backen brukt.
De krank wär, kreeg an den Dag een richtiges gekoktet Ei. Wi hebb tokeeken, wenn Modder em dat Ei affpellte un he denn mit den Löpel in den Dotter haute. Dann leep uns dat Wooter im Muhl tosom.
Ober gönnt hebb wi em dat Ei. Hebb ober manchmol dorbi dach: Hoffentlich war ick ook mol bald krank.
Ick weet noch wi hüt, as buten een Jung mit 'n nogelneen Ball speeln de. Wi freegen uns Modder, ob se uns ook so een käupen wull? „Jo", segg Modder, „wenn ick Millionär war, kriegt ji ook son Ball." Mensch, Kinner's, hebb wi uns freut, Modder hett seggt, wenn se Millionär ward, süllt wi ook son Ball hebben un wenn uns Modder wat seggen deiht, denn höhl se ook Wort.
Un arm, ne arm sind wi ni wess, denn wi wussen, dat alle ni mehr im Stinkviddel harn as wi un dat hett uns so riek mokt.

DE STRUMP

Hüt schnackt de Lüd jo all von Energie spoorn, ober mien Modder hett dor ni bloots von schnackt, sonnern se hett dat ook mokt.
Wenn uns Köhl'n op'n Rest güng, denn hett Modder erst am Nomeddag uns isernen Kanonoben in de lütt Stuv anbökt. Dat lange Rohr, wat mit twee Krümmer noch poormol op un dol güng, hett noch tosetzlich heizt. Denn bleeben wi Lütten den Vörmeddag in de Kök an den Disch vör

de Fensterbank sitten un hebb op'n Hoff keeken un dorbi mit uns Buklötze speelt. Unsre lütte Schwester har mit ehre Obloten to dohn un moch dor von am leefsten de bunten kleen Engel mit ehre grooten Flünken lieden, wenn se de Arm so öberkrütz op de Wolken liggen harn. Ehre Popp seet op een lütten Stohl un hett tokeeken.
Mien Modder har in de Kök de lütte Hex tum Koken in de Gang un so wär de Kök morgens för uns Kinner schon warm. Wi harn ook schon Gas, ober ni tum Koken sonnern nur för de Lamp. In de Stuv harn wi nur de Petroleumlamp an, ober in de Kök brannte de Gaslamp. Dat Gasrohr güng in de eene Eck hoch un dor von güng een Arm för de Gaslamp aff. Öber den Hohn wär 'ne verzierte Messingfassung, wo een Lampenglas mit son dicken Buk ropp käm. Bevör dat Glas ober ropp käm, müss erst de Strump ophung warn. De Strump hüng op 'ne Gobel, de in de Mitt von den Glasbuk hoch güng. He wär bös empfindlich un seh ut as son witten Poppenstrump. Wenn man em rünnerfalln leet, wär he twei. Denn leeg he wi Papierasche op'n Footböden.
Nun hölpte dat jo nisch. Denn müss eener von uns los no Jörgensen in de Klotzstroot un een nün Strump holn. De Loden wär bloots bit söben Uhr open.
Fru Jörgensen wuss ober schon, wenn wi üm acht oder neegen, manchmol sogor üm halbi tein von achterrümm käm, wat wi wullten.
„Na, Hein, wat is los?", segg se denn, „Ju Strump is wohl wedder mol twei. Na, kumm man her, sass een nün Strump hebben."
„Jo", segg ick denn, „ober Modder meente, ob se enn ni morgen sülben betohl kunn, denn in Düstern kunn se ehr Geld ni finn."
Fru Jörgensen wuss ober, dat wir dor von ni to veel harn un se har veel Kundschaft, de ehr Geld ook bi Doglicht ni

finn kunn. Dat leeg ober ni dor an, dat se ni mehr wussen, wo se dat Geld hinleegt harn, sonnern weil se dor nisch mehr von harn.
„Nun loop man schnell no Hus", segg se denn to mi, „dormit dien Vadder ni so lang in Düstern sitten mutt."
Denn hett Vadder den Strump ut de Schachtel utpackt un vörsichtig ophung un wi freuten uns ganz dull, dat wi wedder Licht harn.

BROOTSUPP

Hüt ward immer so veel von de goldenen Twintiger schnackt. Vör manche von uns Ölleren erscheen de Johrn unsrer Kinner- un Jugendtied jo so golden. Ober am schwoorsten dreep dat doch wohl de Schichen, de schon immer an de Kant von uns Gesellschaft leben müssen.
Dat giff ober ook Lüd, de dat all wedder vergeeten hebb, ober wenn man se mit de Näs dorop stött, komt se wedder to Besinnung.
To mi hett mol vör kotten een öllere Fru segg: „Mensch, wat ward dat alln's wedder dür. För dat Geld, wat hüt een Ei kuss, kunst fröher tein Stück för keupen."
„So", segg ick, „denn mütt se fröher veel Eier eeten hebb'n?"
„Wo denken Se hin?", segg se, „wi harn gokeen Geld, uns welche to keupen."
Ja, kiek, dat har de Fru no öber 50 Johr all wedder vergeeten un in de Inflationstied müss Du för fiev Pund Kartüffeln 10.000 Mark betohln, dor kriggst hüt een nogelnün VW Golf för un wenn Du för 1000 Mark dormols een Ei kreegs, denn harst noch Glück hart.

Mien Vadder har in de Twintiger immer noch Arbeit hart. Bloots veel verdeent hett he dor ni. He bröch noch keene 100 Mark im Monat no Hus. Wenn Miete, Gas un Köhln affgüng, bleef tum Leben ni mehr veel över.
Freedags kreeg Vadder immer Geld, aber wenn de Mittwoch un Donnerstag käm, wär meist nichts mehr dor un Modder töfte schon wedder op den Freedag.
De letzten beiden Dog, wo dat Geld op'n Rest güng, hett Modder denn immer son Meddag ut ehre Trickkiste mokt. För de Dog har se immer im Kökenschapp 'ne Tüt Mehl öberspoort. Een grooten Pott mit Wooter un een beeten Mölk un Zucker hett se op de Hex tum Kooken bröch un biem Umröhrn Mehl darin kippt. Dat geef sonne sämige Supp mit een Hupen Mehlklüten bin. So scharp wärn wi Kinner dor aber ni op. Wi nannten dat Klüten oder Klunkermus.
Im Schapp har Modder ook noch een grooten Tonpott stohn, wo Vadder immer dat Brootmess op den Rand an scharp wetzen dee. Den Pott har se för de Brootkössen un Krümel stohn. Wenn de Pott vull wär, har Modder schon wedder för een Dog wat to Meddag. Dann kokte se söte Brootsupp, de wi aber leber mochten as den oll'n Klunkermus.
Vadder hett immer de Brootkössen affschneeden un sien Broot morgens in 'ne groote Tass Kaffee inweekt. De Tass wär wohl half so groot as son Kinnernachpott ut Porzellan un von buten bunt bemolt. „Unsern lieben Vati", stünn doropp. Bin in de Tass wär boben, eben ünner den Rand, noch sonne verzierte Kant mit een Lock dorbin anbackt, wo bie'd Drinken de Schnurbord op liggen kunnt.
Wi Kinner wärn ober trotzdem tofreeden un freuten uns am dullsten op dat Sünndageeten. Von düt Eeten schnackten wi schon de ganze Wuch. Sünndags harn wi ober meistens immer datselbe, weil wi dat so girn mochen. Dat wär

Stampkartüffeln mit Brotwuss. Wi stünn alle inne Kök um den Disch rüm un hebb tokeeken, wenn Vadder mit den hölternen Kartüffelstamper in dem Kokpott rumstampte un Modder een Schuss Molk dorto kippte. Jeder kreeg op sien Teller een Kell voll ropphaut un Modder käm mit de Pann achteran un mök mit'n Löpel oberall een Kuhl rin, wo dat Fett un de Wuss rinkäm. Vadder kreeg immer dat gröttste Stück Wuss un Modder deelte sick mit uns Kinner den Rest.

Wi hebb ober von de Kuhl ut mit den Löpel sonne lütten Kanäle mokt, um dat Fett ümtoleiten. So harn wi bien Eeten ook noch immer unsern Spoß, un uns Teller brukte Modder non Eeten ook ni mehr so dull affwaschen, denn de harn wi schon mit uns Tung so blank leckt, dat man sick dorin speegeln kunnt. Modder hett dat aber ni so girn sehn, denn se meente, wenn wi grötter wärn, künn wi uns dat ni mehr so licht affgewöhn. Modder wuss dormols noch ni, dat wi dat noch mol wedder müssen, denn no 1945 kreegen wi dor alle wedder Routine op.

MIEN GROSSMODDER

Verreisen, so wi de Lüd dat hüt mokt, kunn man fröher ni. Wi sind höchstens mol mit'n Zug no mien Großmodder in Gettorf föhrt. Se wohnte dor in de Möhlnstroot. Mit alle Mann sind wi denn vom Stinkviddel no'n Suchsdörper Bohnhoff tippelt. Dat letzte Enn, wenn de lütten Been ni mehr wulln, hett Modder un Vadder uns Görn an de Hand nohm un so leepen wi denn an ehrn lang'n Arm im Schlepptau in de Schreeglog no rüchwarts achter se ran.

Mien Großmodder hett bi den Gettorfer Bäcker den Brootwogen föhrt un so harn mien Öllern dat Zuggeld dicke wedder rut, denn uns Oma hett se de Taschen vull Brot packt un bie'n Utpacken to Hus funn wi ook immer noch ganz ünner in de Tasch een schön Stück Speck.
Machmol harn mien Öllern, wenn dat Brot to Hus all wedder op'n Rest güng, dat Zuggeld ober ni över. Denn is mien Modder mit mien Vadder to Foot mit den Blockwogen no Gettorf trocken.
Dat wär för mien Modder keene lichte Arbeit. De Stroot von Suchsdörp no de Hochbrück ropp güng ganz schön bargop. Mit'n leddigen Wogen güng dat jo noch, ober de Trüchtour, wenn se Brot un Kartüffel lod harn, wär ohne Pause gornich to schaffen.
Bi Schweinsgeige ünner den Bohntunnel hebb se sick denn ünnerstellt, wenn dat regent oder schniet hett. Dat Gesundste wär dat Lurn ünner den Tunnel ober ook ni, denn dor ünner hett dat bös trocken wi Hechtsuppen. Mien Modder har sick dor ünner 'ne böse Lungenentzündung wegholt. Wat sulln se ober moken, denn dat wär in de Inflationstied.
Wi Kinner hebb dat ober gornich mitkreegen, denn an de Dog, wo se wedder op Tour müssen, trök mien groote Schwester schon fröh mit uns no'n Hohenzollernpark, wo wi een Stammplatz harn.
Ober mien Oma in Gettorf wär för uns Görn, ook as wi schon grötter wess sind, immer 'ne Reis wert.
So wi de Kinner hüt von Jugoslawien oder Mallorca schnackt, wenn de Lehrer se frogen deit, wo se in de Ferien hinfohrt sind, so hebb wi von uns Gettorf vertellt, dat jo bloots föfftein Kilometer vom Stinkviddel weg leeg. Sonne wiede Reis no Gettorf hebb no lang ni alle Kinner ut uns Viddel moken kunnt, denn wer har schon wi wi dat groote Glück, 'ne Großmodder in Gettorf to hebben?

Ick weet ober noch, as mien grooten Brooder sien Schooh vom Schooster in de Howaldstroot hol'n sull un sick von de poor Groschen, de dorbi öber wärn, bi Mohr an de Eck 'ne Tüt Bonscher köfft hett.
He kunn ober ni lögen ohne rot to warn un is wegloopen. He wär ook obends noch ni wedder to Hus un mien Öllern wärn bang. Se hebb wohl de ganze Nacht keen Oog dicht kreegen.
As wi am annern Morgen mit uns Ranzen op'n Ast to School güng, stünn mien Brooder dor an de Eck mit een Broot ünnern Arm von mien Großmodder. He segg to uns, wi sulln ringohn un Modder von Oma seggen, dat he een Broot har un se em dorum ni haun sull.
Mien Modder hett em un dat Broot in Arm nohm un wi hebb uns all ganz dull freut, dat Reinhold nun wedder bi uns wär.
He is sogar noch pünktlich to School kom, denn 'ne richtige Oma bereeknet jo alln's ganz genau un hett mien Brooder noch in den ersten Fröhzug no Kiel sett.
Den Lehrer hett he dor ober gornisch von vertellt. Denn wenn he mol eene Nacht bi mien Großmodder in Gettorf schlopen deit, geiht den Lehrer dat ook gornisch an.

DE HÖHNERFEUT

Unser Huswirt Schünemann har sick op'n Hoff son lütten Stall but, wo he een Zeeg bin har.
Dat wär wat för uns Kinner, wenn he dormit vom Hoff ut dörch den Treppenflur no buten öber de Krausstroot trök, denn op de anner Siet, wo hüt 'ne groote Plank vor is, wärn

fröher nur Gorns mit 'ne Wisch dor achter. Dor hett he de Zeeg morgens mit een lang'n Tampen an son Poller fassmokt. Obends hett he se wedder non Hoff trüchbröch.
Mi hett de Zeeg mol een Rundstück opfreeten, wat mi ut de Tüt fulln is. Dat wärn ober ole Rundstücke. Modder brukte se to Meddag för de Frikadelln un so rieklich Geld harn wi dormols ook ni, denn bi söben Kinner hett se för de Frikadelln allerlei Rundstücke brukt.
Op'n Hoff wärn noch een poor Kanninkenställe, wo wi as Kinner immer girn rinkeeken hebb un dorum wull uns Vadder dat ook mol mit wat „Lebendiges" versööken.
Wi harn in dütt Eckhus an de Siet von de Christian Krusestroot, een lütten Vörgorn. Dor wi 'ne Lodenwohnung harn, kunn wi ut den Loden no buten in den Gorn gohn. Mien Vadder wär ober immer son lütt beeten praktisch. He wull den Gorn ook optimol nutzen, weil he dor mehr in ernten will, as dorin wassen deit. Dor in den lütten Gorn ober ni veel wassen dünn un mien Vadder in de Landwirtschaft groot wurn is, hett he dat mit den Ackerbu gornich erst anfung, sonnern hett sick glieks op de Viehzucht schmeeten. Ober 'ne Kooh har sick in den lütten Vörgorn gornich ümdreihn kunnt un so füng he mit Höhner an.
Ünner unsre Lodenstuv harn wi unsern Keller un den hett mien Vadder tum Höhnerstall ümbut. Över sonne Höhnerledder käm se dor ut dat Kellerfenster rutgekropen.
Wi hebb morgens schon im Hemd vorn Fenster seeten un hebb de Mistkratzers belurt, wenn se biem Würmerseuken wärn.
Modder seh dat ober ni so girn, wenn wi ehre Gardin begrabbeln dünn. Non Kaffeedrinken hebb wi denn unsre Krümel vom Disch fegt un mit alle Mann no de Höhner hinbröch un hebb tokeeken, wenn se dor över herfeeln.
So harn wi dormols as Kinner all unsre „Tagesschau". Dat hett bloots ni lang anholn. In de Etogenhüs wär dat verboten

un so müss mien Vadder de Höhner alle affschlachten. Uns wull he dor ober ni bi hebben. Dröben op de anner Siet im Gornweg hett he dat op een lütten Haublock mokt.
Wi hebb uns ober doch liesen ranschlikert un as he grod den Hohn den Kopp affhaut un wi an to schreen füng, leet Vadder vor Schreck den Hohn los un de haute krütz un quer ohne Kopp lang den Gornweg, bit Vadder em ünner son Stickelbeernbusch wedder rutangeln kunn.
Wenn Modder ne Hehn förn Kokpott fardig moken de, hebb wi immer tokeeken. Wi kreegen denn de affgeschneedenen Höhnerfeut.
Dor harn wi unsern Spoß noch mit. An dat Enn, wo Modder se affschneeden hett, keeken noch de Seenen rut un dor hebb wi immer an trocken. Dorbi treuken sick de Höhnerkralln richtig tosom. Wenn wi wedder los leeten, stünn se wedder grode. Dat seh ut, as wenn de Feut noch leben dünn.
So sind wi denn dorch den ganzen Loden dorch mit de Höhnerfeut spazeern gohn.
So hebb wi fröher speelt un kuss hett uns de Spoß keen Penn. Un wi ist dat hüt? Hüt mutt dor jo Technik bi sien. Wenn ick son Jung mit een Cassettenrekorder lang de Holstenstroot dudeln kom seh, denn denk ick immer, wi veel schöner wär dat doch mit unsre Höhnerfeut.

UTSPANN

Fröher wärn unsere Strooten jo fast nur Peerstrooten. Dor käm de Groothändlers mit ehre Peerwoogens no de lütten Hökers angefohrt. Dat wärn sonne Kassenwoogens mit boben den Kutschbock op. Wenn de Kutscher anholn dünn,

hett he de Lien mit son doppelten Knoten ünner an dat Trittbrett los anbunn.
„Flügge Brot“ oder „Vereinsbäckerei“ harn de Brotwoogen dor groot an stohn. De Mölkmann Schnack ut Kronshogen har ook son Woogen. Achter har he den Mölkhohn rutkieken, wo he sien 1/2 Lietermot ünnerholn dünn un de Mölk in de Fruns ehrn Pott rinkippen de. Dormit keener quarkte, wenn dat Mot ni ganz vull wär, hett he immer noch een lütten Schupps achteran kippt.
De Peer kreegen ook, wenn se länger stohn meesen un noch keen Meddag hart harn, son Hoferbüdel um Hals hung, wo se mit den Kopp, bit no de Ogen ropp rinnkeem un am Freeten wärn. Wenn se em fast leer harn un an den Rest, de noch ünner in den Büdel bin wär, nich rankäm, hebb se den Kopp rünner nohm, so dat de Büdel op de Eer stünn un hebb em ganz leddig freeten.
Wenn de Kutscher ober ook mol richtig Pause moken wull, so mit een lütten Köm un Beer, denn fohrte he no de Gutenbargstroot. Dor har nämlich de Kröger vor sien Krog ’ne Kripp stohn un de wür denn vor de Peer stellt un vull Hofer kippt, dormit de Peer ook sehn kunn, wat se freeten dünn.
In de Prüne wär sogor een Gastwirtschaft mit Utspann. Dor hebb meistens de Burn anholn, wenn se op’n Markt wulln. Achter op’n Hoff har he een Peerstall un so wärn de Peer dor rinstellt un brukten ni den ganzen Dag, in de Dissel inspannt to stohn.
Wenn de Markt to Enn wär, kunn de Bur mit utgeschlopene un satte Peer wedder no Hus fohrn.
Um den Peerschiet brukte de Kröger sick ook ni to kümmern. Den hebb sick nämlich de Queckenpuhler affholt. Mien Vadder har dor ook op abonneert, denn he har een grootet Erdbeernbeet un siene Erdbeern mochen den Peerschiet girn lieden.

Hüt süht man op de Strooten jo keene Peer mehr. Dorför fohrt dor nun annere Pferdestärken op. De hebb de Autos jo in ehrn Motor bin sitten. „—P S—“, seggen se hüt dorteu.
Ober wenn man so süht un rükt, wat dor alls ut son Autoutpuff förn Mist rutkümmt.
Nee, dor is mi de Mist ut son Peerutpuff doch hundert mol leeber.

HANS MEIER

Dor mien Öllern to eene Ev. Freikirch gehörten, bin ick dor ok konfermeert wurn un wär dor in den Jugendkreis. In dissen Jugendkreis käm een jung'n Mann ut Nienburg no Kiel, den wi alle girn mochen. He wohnte bi een Gemeindemitglied to Ünnermiete in de Christian-Krusestroot. Dat wär unsere Tante Adler. Se wär nee Kriegerwitwe. Ehr Mann wär 1914/18 fulln. Mien Öllern wärn mit ehr befründet.
Dat wär dormols in de Nazitied.
De junge Mann wär alleenstohnt un föhlte sick wohl ünner uns jung Lüd. Ick har mi bald mit em anfründet. He har sien Arbeitsstell am Exer. He dreeg Lesemappen bie Jantzen ut. Dat wär keene lichte Arbeit, jeden Dag, mit de schwore Koor dorch de Stadt to schuben.
Siene Wirtin wär 'ne feine Fru. Se wär för Hans wi Modder im Hus, hett em de Wäsche mokt un sien Tüch in Ordnung hohl'n un good to eeten kreeg he bi ehr ook. He har bi ehr 'ne gemütliche Stuv. Manche schöne Stünn hebb wi dor un in anner Familien verleft. Hebb Tuern mokt in de

Probstei rin. Alle mochen unsern Hans Meier in uns Kirchengemeinde girn lieden.
Dütt hett sick ober schlagartig ännert, as dat rutkeem, dat uns Hans Jude wär.
Seit den Dag wär he alleen. Eene ut uns Kark keem ganz opgeregt no mi hin un frög mi, ob ick ni noch een Bild in mien Album har, wo se in een Grupp neben Hans Meier stünn, ick sull dat doch rutnehm. Dat Bild heff ick hüt noch in mien Album.
Ick weet ni, wi ick dat mok't heff, dat ick bi em bleeben bin. Ick heff em ni frogt, ob dat stimmte un he hett mi ni seggt, dat dat wohr is. Wi wussen ober beide, ohne dat wi uns dat segg hebb, dat dat stimmte.
Wi wärn nun meistens immer alleen. Ick segg: „Du Hans, wenn de annern keene Lust mehr hebb, mit uns tosom to sien, denn loot se. Wi loopt se ni no."
Mit de Tied wär dat ober immer brenzlicher. Ick leed Hans noch ni marken, wat Tante Adler mi segg hett.
De Huswirt hett ehr nämlich seggt, se sull sick so schnell wi möglich von Meier trennen, denn he will keen Jude in sien Hus hebb'n. Hans hett dat ober bald an de Husinwohner markt.
Wi hebb ni lang rümschnackt. Ick segg:
„Hans, wat meenst, wenn ick di een anner Zimmer besorg, lot mi dat doch mol verseuken?" „Jo, wenn du meenst", segg Hans.
Am annern Dag bin ick mit'n Rad losföhrt un heff wohrhaftig een Zimmer funn. Ick güng mit Hans den annern Dag dorhin un as de Fru Hans seh, wär se glieks inverstohn. Dat wär een lüttet Hus in de Klosterstroot in Ellerbek. Hans har boben een lütt Zimmer mit eegenen Ingang. Wi hebb mit de Wirtin tosom 'ne feine Inwiehungsfieer hart. So lang Hans dor wohnt hett, bin ick veel bi em weesen. To Kark sind wi ni veel mehr hingohn.

Nun wur de politische Loog immer kritischer. Dat güng op'n Krieg to. Hans un ick sind, wenn wi in de Holstenstroot bummelt hebb, tum Schluss immer noch mol girn in' Bohnhofrestaurant gohn. Dor kunn man so schön sitten un eeten un dor kennt en ok keener.
Am letzten Dag vor Kriegsutbruch hebb wi am Nomiddag noch Hans siene Schooh, in de Ringstroot non Schoster broch un sind obends wedder non Bohnhofsrestaurant gohn. Dor hebb wi uns wi immer, dat obligote Fröhstück to 'ne Mark bestellt, wat dat jo eegentlich nur morgens giff, ober de Ober kannte uns schon un so broch he uns unsern Kaffee mit 2 Brötchen, 1 Ei un Marmelod un Honig.
Wi wussen ni, dat dütt de letzte Dag wär, wo wi uns sehn dehn.
Inne Nacht wär de Krieg utbroken. Ick wull mi am annern Morgen mit Hans dropen un mien Hans wär ni dor. Ick heff noch ni op em teuben müss. Ick har een komischet Geföhl. No Jantzen moch ick ni hingohn un frogen. Dor heff ick mi op Rad sett un bin no Ellerbek föhrt. Ick wär op alln's gefasst, ober wat ick dor erleft heff, wär för mien jugendlichet Öller toveel. Ick heff am ganzen Liev zittert.
As ick anklopp, geiht de Dör sparwiet op. De ganzen Komodenschuffen sind rut un alln's liegt op'n Fotböhn. Twee SS-Lüd stoht dortwischen un achter se steiht Hans sien Wirtin un kiekt mi ganz verstört an.
„Sind Sie Blomberg?" schriet de eene Kerl mi an. Ick segg: „Ja".
„Sie gehörn doch auch zu der Kirche, wo Meier hingeht". Ick segg: „Ja".
„Sie wissen doch, daß Meier Jude ist". Ick segg: „Ich habe gehört, er soll Halbjude sein, aber das glaube ich nicht.".
„Meier ist Volljude", segg he.
„Sie arbeiten doch in einem Rüstungsbetrieb". Ick segg: „Ja".

„Sie bekommen von uns zu hören", un denn knallt he de Dör dicht.
To Hus vertell ick, wat ick erleeft har. Mien Modder wär bang. Hans wär in't Gefängnis inne Bloomstroot kom.
Von dor hett he an den Paster un an mi schreeben. Ick heff von den Breef an mi erst to weeten kreegen, as ick 1948 ut russ. Gefangenschaft no Hus käm. Mien Modder wull mi ni in Gefohr bring un har em beholn.
Paster Müller is op den Breef, den he kreegen har, hingohn un kunn mit Hans Meier schnacken. Dat wär dat letzte Mol, dat he em sehn har. Non viertel Johr bekem de Paster Bescheed, dat Meier sick ophung har un se frögen an, op de Kark de Urne hebben wull. Paster Müller har dat afflehnt un hett seggt: „Wenn se uns Herrn Meier ni hebbt lebend geben kunnt, de Urne wüllt wi ok ni hebb'n."
Ick heff Hans Meier kennlernt un wuss, wi he as gedeupter Jude tum Leben stünn un dorum meen ick, hett de Paster dat richtig mokt, denn Hans hett sick niemols ophung.
Hans hett den Weg gohn müss, wo dat keen Torüch mehr geef.
Un wi, de in disse Tied left hebb, mütt uns frogen loten, op wi ut Angst oder ut Verblendung an disse Lüd, wi Hans Meier eener wär, vörbieloopen sind, denn wi wärn doch Christen un keene Nazis. — Oder wärn wi dat doch???

Plattdeutsche Bücher aus unserem Verlagsprogramm

Udo Bielenberg/Hermann Levsen: Dummtög un Kreienschiet
ISBN 3-923525-06-0, 64 Seiten, broschiert, DM 9,80
Heitere Kurzgeschichten

Hein Blomberg: Opwussen in't Stinkviddel
ISBN 3-923525-03-6, 64 Seiten, broschiert, DM 9,80
Geschichten aus dem Arbeitermilieu im typischen Kieler Platt

Ivo Braak vertellt Döntjes
ISBN 3-923525-14-1, 64 Seiten, DM 9,80

Hinrich Kruse: Dar hett en Uul seten
ISBN 3-923525-04-4, 64 Seiten, broschiert, DM 9,80
Plattdeutsche Döntjes

Gudrun Münster: Becka, Anni un ick
ISBN 3-923525-10-9, 64 Seiten, broschiert, DM 9,80
Kindheitserinnerungen

Hanns-Jörn Stender: Op de anner Siet
ISBN 3-923525-11-7, 64 Seiten, broschiert, DM 9,80
Streiche zweier Lausejungs aus dem Arbeiterviertel Kiel-Gaarden

Kuno Vöge: Ordnung mutt sien!
ISBN 3-923525-09-5, 64 Seiten, broschiert, DM 9,80
Heitere und besinnliche Geschichten

In de Wiehnachtstiet
ISBN 3-923525-07-9, 148 Seiten, geb. mit Schutzumschlag, DM 19,80
Weihnachtsgeschichten bekannter niederdeutscher Autoren,
herausgegeben von Michael Jung.

Andachten aus der NDR-Sendereihe »Plattdeutsche Morgenansprache«

Eckart Ehlers: Vör de Karkendör
ISBN 3-923525-01-X, 68 Seiten, broschiert, DM 9,80

Karl Hauschildt: Vun Minsch to Minsch
ISBN 3-923525-02-8, 68 Seiten, broschiert, DM 9,80

Heinrich Kröger: BI EM TOHUUS
ISBN 3-923525-13-3, 64 Seiten, broschiert, DM 9,80

Cornelius Schacht: An't Ruer
ISBN 3-923525-05-2, 64 Seiten, broschiert, DM 9,80

Verlag Michael Jung
Postfach 2604, 2300 Kiel 1

INHALT